DIÁLOGO COM RATOS

CENSURA E PERSEGUIÇÃO NO JORNALISMO DIGITAL

GERALDO ELÍSIO

DIÁLOGO COM RATOS

CENSURA E PERSEGUIÇÃO NO JORNALISMO DIGITAL

CARTA-PREFÁCIO

POR

ÂNGELA CARRATO

O REI ESTÁ NU E É CORRUPTO

Caro Marco Aurélio, nosso amigo Geraldo Elísio está escrevendo mais um livro. Alguém, menos avisado, pode pensar que Diálogo com Ratos é uma obra de ficção, até porque Geraldo, além de jornalista, como você bem o conhece, é também escritor e poeta. Mas essa obra trata do registro de uma dura realidade que teve lugar em Minas Gerais durante os governos tucanos (2003-2014). Realidade que aconteceu ou, se preferirem, que os mineiros deixaram acontecer, por vício, medo ou conformismo.

Diálogo com Ratos permite várias leituras. A primeira delas é a trajetória, abruptamente interrompida, do seu site de notícias, o NovoJornal, que entra para a história do jornalismo mineiro e brasileiro como uma espécie de Binômio ou Pasquim da era digital: muito à frente de seu tempo e disposto a proclamar, alto e em bom som, que o rei está nu e é corrupto.

Ao contrário da imprensa mineira, que está prestes a morrer por falta de leitores dispostos a compactuar com um jornalismo que esconde a notícia e promove apenas os interesses de seus patrocinadores, o NovoJornal, desde o início, deixou claro que o seu papel seria o de desafinar o coro dos contentes. Coro que, naquela época, era enorme. Enquanto a imprensa mineira e brasileira, com os bolsos cheios de dinheiro bancado pelas gordas publicidades dos tucanos, teciam loas ao "choque de gestão" e ao "déficit zero", carros-chefes do marketing de Aécio Neves, o NovoJornal passava a mostrar o contrário. O tal déficit zero não passava de uma manobra contábil e o choque de gestão era um jeito para enganar bobos.

Mas as peculiaridades do NovoJornal não paravam aí, certo? Além de abordar temas que a autodenominada grande imprensa fazia questão de ignorar, vocês passaram a "pendurar", como anexos, no fim de cada reportagem uma série de documentos em PDF provando e comprovando a veracidade do que estava sendo divulgado. Rapidamente, os internautas perceberam a importância e a seriedade do NovoJornal, cujos acessos diários não paravam de aumentar. Não foi por acaso que, em várias oportunidades, o NovoJornal alcançou o recorde de 1,8 milhão de acessos/dia. Em média, seus leitores diários eram de 800 mil pessoas, número superior à soma de toda a tiragem da velha imprensa mineira e nacional.

A seriedade da publicação somada ao sucesso de público acabou incomodando aos poderosos de plantão que, ao contrário de se contraporem às denúncias apresentadas, preferiram, como fazem sempre os criminosos, calar quem denuncia para que tudo continuasse como tal. E foi exatamente isso o que os tucanos mineiros fizeram.

Valendo-se da polícia e da justiça, primeiro tentaram comprar o silêncio do editor e de jornalistas que faziam o NovoJornal. Como não obtiveram sucesso, partiram para o ataque, tirando vocês do ar. Como, além de truculentos, os censores eram provincianos, não sabiam que um site pode ser postado de qualquer lugar. E foi assim que o NovoJornal passou a ter domicílio nos Estados Unidos, podendo ser acessado em qualquer ponto do planeta, inclusive Minas Gerais. Indignados, os truculentos tucanos partiram para o terrorismo, prendendo, sem processo, provas ou julgamento, o diretor do NovoJornal, você, Marco Aurélio Carone.

Você ficou 9 meses preso, a maior parte do tempo em uma solitária. Lá teve um enfarte e quase morreu em função de complicações do diabetes. Mas nada disso foi motivo para o soltarem ou admitissem que ficasse em prisão domiciliar. Da prisão só sairia dias após a vitória de Dilma Rousseff, para um segundo mandato na presidência da República, e de Fernando Pimentel, para o governo de Minas. Até onde se sabe, a soltura teve mais a ver com o medo de quem sabia estar cumprindo ordens ilegais do que com o arrependimento dos que cometeram tal barbaridade.

Uma segunda leitura possível de Diálogo com Ratos diz respeito à passividade e mesmo a conivência da maioria das instituições mineiras para com os absurdos aqui ocorridos nos governos tucanos. Como todas as denúncias feitas pelo NovoJornal estavam municiadas por detalhadas provas – as mesmas de que se valeram, mais de uma década depois, a Procuradoria Geral da República para pedir o indiciamento e prisão de Aécio Neves –, fica a pergunta: a justiça mineira foi incompetente ou conivente? Mais ainda: onde estavam as demais instituições que não viram nada e nem fizeram nada? Quem cala consente ou quem calou é porque estava contente?

A imprensa mineira publicou, quando da sua prisão, e da invasão do apartamento de Geraldo Elísio e do sequestro de seus equipamentos, apenas a versão dos poderosos de plantão. Pelo visto, pensavam que os então donos do poder o manteriam para sempre, a ponto de dispensarem uma noção básica em jornalismo, que é a de se ouvirem sempre os dois lados da questão. Pelo visto, jornalismo para os tucanos e seus amigos da mídia "chapa branca" significa apenas dar voz ao dono.

Uma terceira leitura igualmente possível de Diálogo com Ratos permite entender, na prática, como se dá o aparelhamento do Estado por interesses nada republicanos, como foi o caso dos governos tucanos em Minas Gerais. Detalhe: o verdadeiro aparelhamento estava sendo feito pelos tucanos ao mesmo tempo em que acusavam, com o apoio da mídia, os seus adversários da prática que punham em ação.

Uma quarta leitura também possível é a de que o golpe, travestido de impeachment, contra o segundo mandato de Dilma Rousseff, teve origem em Minas Gerais, mais precisamente na passividade e/ou na conivência com que a maioria daqui assistiu, durante os governos de Aécio Neves, sem qualquer reação, toda a lambança feita pelos tucanos. Agora é fácil criticar Aécio e a sua turma. Mas quando essa crítica era mais do que nunca necessária, para se evitar que os brasileiros caíssem no conto do vigário do "Menino do Rio", praticamente só o NovoJornal, vocês, foram capazes de fazê-la. Aliás, até agora (quando esta carta-prefácio está sendo escrita) todo o acervo do site e os seus equipamentos e de Geraldo Elísio continuam em poder de seus algozes.

Desde então, o Brasil e os brasileiros estão pagando caro por isso. Mas, até nas tragédias, sempre há um lado positivo. Ou educativo. É preciso aprender com os erros para que eles não se repitam. Por isso, ao invés de enfiar a cabeça no chão e fingir que não sabia de nada ou que não viu nada, o melhor é o livro que nosso amigo Geraldo está escrevendo, pensando no que foi dito pelo ministro do Supremo Tribunal Federal (STF), Luis Roberto Barroso, quanto ao arquidelatado, com provas, e principal artífice do golpe sob o singelo argumento: "fiz isto só para encher o saco".

Ninguém sério brinca assim com o destino de um país e o de seu povo.

Ângela Carrato *é jornalista e professora doutora do Departamento de Comunicação Social da UFMG*

GERALDO ELÍSIO

DIÁLOGO COM RATOS

CENSURA E PERSEGUIÇÃO NO JORNALISMO DIGITAL

1ª Edição

LETRAMENTO

Belo Horizonte | 2018

Capa:
Rodrigo Brasil

Diagramação:
Flávia Mello

Revisão:
Gislene M. B. Lima Felipe da Silva

Dados Internacionais de Catalogação na Publicação (CIP)
(eDOC BRASIL, Belo Horizonte/MG)

E43d Elísio, Geraldo.
Diálogo com ratos: censura e perseguição no jornalismo digital / Geraldo Elísio. – Belo Horizonte (MG): Ed. Letramento, 2018
15 X 21 cm

ISBN 978-85-9530-075-0

1. Governo e imprensa – Minas Gerais – História. 2. Jornalismo – Minas Gerais – História. 3. Liberdade de imprensa. 4. Perseguição política. I. Título.

CDD 079.81

Elaborado por Maurício Amormino Júnior – CRB6/2422

Este livro é dedicado:

Ao jornalista e publicitário Marco Aurélio Flores Carone

Aos professores Osório da Rocha Diniz e Ulisses Lopes da Silva (In memoriam).

À advogada Aurora Ramalho

Aos deputados estaduais Durval Ângelo e Rogério Corrêa (PT) e demais integrantes da Comissão de Direitos Humanos da Assembleia Legislativa de Minas Gerais e Sávio Souza Cruz (MDB).

Ao deputado federal padre João (PT-MG) em quem personifico todos os integrantes da Comissão dos Direitos Humanos da Câmara dos Deputados.

Jornalistas:

Conceição Leme - Viomundo

Joaquim de Carvalho – Diário do Centro do Mundo – DCM

Luís Nassif – GGN

Maria Frô – Blog da Maria Frô

Paulo Henrique Amorim – Conversa Afiada

Agradecimentos especiais:

A Deus e todas as pessoas próximas ou distantes que me deram força durante uma difícil travessia, notadamente centenas de militantes das redes sociais.

Em especial Júnior Geloso Miranda e José Oswaldo de Miranda, Museu Inimá de Paula. Jô Horta, Janaína Horta de Azevedo Lopes e Arthur de Azevedo Lopes Ferreira.

Por conta de sua natureza biológica e morfologia, Danilo, o rato, não tem dificuldades em trafegar por bueiros, esgotos e celas de presídios. Além de ser hábil em passar por frinchas, frestas, portas e janelas aparentemente sem adequadas proporções. É claro, com os devidos cuidados para se abrigar ao escuro da noite. E por razões óbvias, evitar os gatos e andar sempre ao abrigo dos cantos mais escuros, fazendo igualmente do silêncio um aliado precioso. Os da sua espécie assim são definidos:

> *Caracterizam-se por possuir focinho pontudo, orelhas pequenas e arredondadas, e uma longa cauda nua ou quase sem pelos. As espécies mais conhecidas de rato são o Mus Musculus, um típico rato doméstico; Rattus e Rattus Norvegicus, por vezes chamados de ratazanas e que habitam esgotos e córregos.*

O Danilo do caso, em princípio, parece híbrido de todas as classificações. Notadamente, o comportamento furtivo, podendo invadir casas e despensas públicas, além de gerar – preciso consultar biólogos especialistas em roedores – outras espécies, ao que tudo indica em mutação, que apresentam uma especial atração por cofres. Visto sua notável capacidade de adaptação a quase qualquer ambiente, o rato é atualmente um dos mais bem-sucedidos do gênero mamífero na terra. Em arquiteturas institucionais, eles se sentem em casa e protegidos.

As revistas de HQ e o cinema de animação dotaram alguns deles de glamour, a exemplo de Mickey Mouse e Minnie, a partir dos traços de Walt Disney. O que fez, faz e creio ainda fará, por muito tempo, a delícia das crianças. Mas voltemos ao Danilo, dado aos círculos dos cifrões e do Poder e, às vezes, delegacias, Justiça e prisões.

***

Todas as noites, apagadas as luzes do presídio de segurança máxima, quando os olhos do prisioneiro da solitária se acostumavam com a escuridão, ele, Danilo, se esgueirava por uma frincha da porta da cela infecta onde o homem passava quase todo o dia deitado. Olhava para todos os lados e certo de não haver mais ninguém ali, punha-se a roer a côdea de pão que o novo amigo guardava para ele, a sua única companhia naquela dura quadra da vida. Comia de orelha em pé, em estado de vigília, a ouvir o dirigido a ele. Certo de nada entender, mas ouvia, cônscio do dever de companhia. O guarda penitenciário, igualmente imbuído dos deveres de carcereiro, um dia ouviu a conversa e perguntou entre assustado e autoritário:

– Quem está aí?

– Ninguém! Só eu. – Respondeu o prisioneiro.

O guarda não acreditou e, por via das dúvidas, acendeu uma lanterna e iluminou a cela vasculhando todos os lugares possíveis. Quando abriu a porta da carceragem, o foco de luz à meia altura, Danilo se esgueirou por baixo, em silêncio, com a rapidez dos roedores e foi embora. Sem ouvir o resto da história e sem ter terminado a refeição.

– Ninguém não. – Disse o prisioneiro novamente. – A segurança não é máxima? Não é uma solitária?

Encabulado, o carcereiro apagou a lanterna. A outra mão, armada com um revólver 38 que ele colocou no coldre. E no silêncio da noite, fez soar a chave a manter trancafiado o preso. Isso, se pode ser entendido como um romance surreal, é verdade. O quadro de uma revoltante história real acontecida no Estado de Minas Gerais, envolvendo um prisioneiro político dos tucanos em tempos de democracia plena no Brasil. Plena, pero no mucho, lá pelos idos de 2014.

CONTEXTO

Em 1986, eu deixei o jornalismo analógico no qual era repórter, com atuação investigativa no jornal O Estado de Minas. Convocado para ocupar o cargo de Secretário de Estado Adjunto da Cultura no governo mineiro de Newton Cardoso. De quase final de março de 87 a 15 de abril de 91 do século passado. Um tempo de trabalho graças a Deus profícuo.

Findo o meu trabalho como Secretário Adjunto da Cultura, exercido por quatro anos, assumi o cargo de assessor-chefe da Assessoria de Imprensa do Tribunal de Contas do Estado de Minas Gerais (TCMG). Gestões dos conselheiros presidentes, ambos ex-deputados federais José Luís Baccarini e Fued Dib. Todos os dois do Partido do Movimento Democrático Brasileiro (PMDB). Tempos de relativa calmaria. Afora o julgamento das contas do último ano de governo de Newton Cardoso, explorado em muito pela imprensa mineira – época de Baccarini –, e, na gestão de Dib, a denúncia do conselheiro Nelson Cunha envolvendo a empresa Traffic, responsável pela colocação de placas publicitárias no Mineirão. E que na ocasião resultou em nada. Dizia-se naquele momento ser esse o mote da briga entre o jogador de futebol Pelé e o cartola João Havelange. Anos depois viria a estourar nos EUA o Escândalo do Futebol, com as prisões de dirigentes esportivos, inclusive do Brasil, efetuadas pelo FBI.

Assunto que ainda não perdeu a validade e, através dos tempos, segue ganhando novos capítulos. Ao sair do TC, trabalhei curto período na Assembleia Legislativa de Minas Gerais, respectivamente com os parlamentares e ex-presidentes daquela instituição: Romeu Queiroz, Agostinho Patrus e Antônio Júlio. Todos esses períodos, estive desligado de empresas jornalísticas.

***

Depois, vivi um rápido e movimentado retorno às atividades profissionais de jornalista, sem me ligar a políticos.

***

Retornei ao rádio, jornal e à TV ao deixar os trabalhos citados no parágrafo acima. Voltei na última fase da Rádio Mineira, em talk show matinal, Café da Manhã, criado por Geraldo Ferreira, o Geraldão Big Boss. Programa feito ao lado do jornalista Paulo Heneine, ouvindo especialistas de diversas áreas e no qual as principais notícias do dia eram comentadas desde as suas origens até os seus eventuais desdobramentos. E a Sala de Visitas, uma seção destinada a apresentação de músicas a envolver compositores, instrumentistas e intérpretes, tanto nacionais quanto estrangeiros, rodando gravações e comentando-as. O Café da Manhã tinha ampla diversificação a envolver dos bastidores dos esportes à cultura, política, economia, religião, costumes, enfim um largo espectro. No primeiro período estive só, em frente aos microfones e às câmeras de TV. Entretanto, desavenças envolvendo a propriedade empresarial, com um longo desenrolar jurídico tendo no epicentro da contenda o empresário e político Sérgio Naya e o radialista Gil Costa, levaram a emissora à extinção.

A seguir fui âncora, entrevistador, comentarista e repórter político no Canal 25, excelente projeto elaborado por Sérgio Adaid e Romina Farcae, com uma grade de programação bastante modernizada. Desde o público infantil ao adulto, inclusive shows para jovens em formato de clips idênticos ao da MTV. Porém, infelizmente, de curta duração. Uma manhã, na porta da emissora, fui abordado por um cidadão comum com uma fisionomia preocupada. Depois de confirmar comigo ser ali a sede do Canal 25, ele indagou se todo mundo poderia falar. Respondi que se fossem artistas, políticos, esportistas, cientistas, sindicalistas, religiosos, militantes de ONGs e cidadãos ou cidadãs de posse de notícias e informações, inclusive denúncias, querendo fazê-las ao vivo poderia sim.

– O senhor tem algo a nos informar?

Ele respondeu:

– Olha, moço, está ocorrendo um número muito grande de suicídios nos quartéis da Polícia Militar de Minas Gerais.

– O senhor quer ser entrevistado sobre isso?

– Agora não. Vou conversar com umas pessoas e depois eu volto.

E nunca mais apareceu. O Canal 25 ficava a duas quadras da Assembleia Legislativa de Minas Gerais. Perguntei a um então capitão a servir no gabinete da Presidência se era verdade a existência de muitos suicídios nos quartéis? Ele disse que havia exagero na informação: Só uns dois casos.

– Acredito que é porque a imprensa noticiou o suicídio de um soldado preso na casa dele por ter furtado uma lata de leite em pó para alimentar a filha do casal. E a prisão foi efetivada diante da esposa e da menina e o rapaz se matou.

Percebi que o cidadão que me abordara em frente à porta de entrada do Canal 25 e não voltará podia estar dizendo uma verdade mais ampla. Perguntei a outro coronel PM sobre o mesmo assunto e ele ficou um pouco assustado e me indagou quem havia falado isso para mim. Respondi:

– O senhor sabe que os jornalistas têm garantia constitucional de preservar as fontes.

Mas convicto de que algo fora dos parâmetros estava ocorrendo. Entretanto tive de me afastar do Canal 25. O futuro ficou encarregado de promover as provas da verdade. A greve da PMMG ao tempo do ex-governador Eduardo Azeredo, gerando outros movimentos policiais que assustaram o Brasil.

Nessa mesma quadra, outra experiência que não hesito em dizer próxima de uma aventura bizarra. Por inspiração do jornalista Gilberto Menezes, o empresário jornalístico Paulo Nassif criou o Diário de Belo Horizonte. E de novo eu estava em uma redação tradicional. Formato tabloide norte-americano, impresso em P&B, quando a febre era a dos jornais coloridos, com a Síndrome da Arara. Muitas cores, vistosos, mas sem nada a dizer. Sem dúvida, com boa equipe de veteranos e focas, mas exatamente no instante em que as estruturas de nuvem começavam também a ganhar popularidade e prenunciar o estágio a que hoje chegamos.

Os diretores do jornal, Paulo André e João Paulo Nassif, filhos do empresário Paulo Nassif, perceberam a situação. Diante de um período curto na praça, sem mover o interesse dos publicitários, eles decidiram pelo fechamento do novo diário. Por que eu me referi a próximo de uma aventura bizarra? É que o novo veículo começou com 14 editores e 7 repórteres. Não é preciso dizer mais nada. Quase em seguida, uma experiência de 11 meses na publicidade, por sinal frustrante, o que me levou a afastar rápido da L&F do Simão Lacerda. Aliás, o verdadeiro criador da frase Bandido bom é bandido morto, para servir à candidatura do ex-delegado de polícia e ex-deputado federal José Rezende.

Ao mesmo tempo, retomei contatos com a política, exatamente com o ex-presidente da República, Itamar Franco. Foi um pouco antes de ele substituir Fernando Collor de Melo, pós-impeachment. Isso se deveu ao ex-deputado estadual Geraldo Santana, do PMDB, que um dia me telefonou pedindo, se fosse possível, para comparecer ao gabinete dele. Ao chegar, depois de nos cumprimentarmos, Santana informou-me que o então vice-presidente da República queria falar comigo. Argumentei haver perdido o contato com ele desde as eleições de 1986, quando Newton Cardoso o suplantou como candidato ao Palácio da Liberdade. Geraldo Santana retorquiu:

– São águas passadas! Ele quer falar com você.

Indaguei se poderia utilizar o telefone do gabinete. Ouvi um sim e pedi à telefonista para ligar para o Palácio do Jaburu, em Brasília, residência oficial do vice-presidente da República. O deputado perguntou:

– Você está duvidando de mim?

– Não... Quero marcar o dia e a hora do encontro.

Fui atendido pela recepcionista, disse das razões da ligação e veio ao telefone o doutor Mauro Durant, futuro pretérito ministro da Casa Civil, a quem não conhecia, bem como muitos outros da nova equipe de Itamar. Henrique Hargreaves, Djalma Moraes e mais nomes que em iguais condições viriam a ocupar postos-chaves quando Itamar foi presidente da República. E mais à frente, igualmente em futuro pretérito, quando ele veio a ser governador de Minas Gerais.

Frente ao deputado Geraldo Santana, expliquei ao doutor Durant a informação do interesse de Itamar em conversar comigo, indagando dia e hora em que isso poderia ocorrer. Ele me pediu um minuto e em exatos 45 segundos voltou para dizer, ele me esperava no dia seguinte, às 10 horas. E passou o telefone a Itamar, que demonstrou satisfação em falarmos e pediu não ocorrer atraso, repetindo o horário. Despedimos e falei com o Geraldo do resultado da conversa. Ele enfiou a mão em um dos bolsos do seu paletó e retirou uma passagem com a hora de embarque programada para as 7 horas.

Embarquei no Aeroporto da Pampulha e ao chegar ao Aeroporto Internacional de Brasília, um carro da vice-presidência me aguardava. Percebi a coincidência dos fatos. Além do mais, Santana me pediu o favor de entregar uma carta a Itamar, recomendando cuidados para não perdê-la e que a entrega fosse feita em mãos. Assim o fiz. Para minha surpresa, passados os anos, quando Geraldo Santana publicou o seu livro de memórias O caminho de volta ou A travessia do deserto, por narrativa dele próprio tomei conhecimento de que a carta que eu levara era parte de uma conspiração com o PMDB mineiro – vício antigo – Hélio Garcia e Aureliano Chaves para derrubar, através de impeachment, o presidente Fernando

Collor. Óbvio, se soubesse do conteúdo não teria me prestado a isso. Claro também eu não violar correspondência dirigida a outrem. Nunca, até a publicação do livro, imaginei pudesse ser usado para isso, o que me contrariou bastante. Até hoje julgo desleal.

Não demorou muito o afastamento de Collor, e Itamar ascendeu ao Poder. Empossado presidente, na primeira vez que ele veio a Belo Horizonte e contatou comigo, expressei meu descontentamento com o episódio da carta; e ele respondeu não sabia antecipadamente o teor da missiva. Diante da hipótese não ser de todo impossível, preferi ficar calado.

Não raras vezes, vindo à capital de Minas, aqui chegando eu era incorporado à delegação oficial, o que levava alguns a pensar eu ser um dos integrantes do Grupo do Pão de Queijo, uma formação surgida após Itamar ocupar o Palácio do Planalto. Na verdade, um contraponto criado pelo jornal Folha de São Paulo, a República de Canapi, uma cidade alagoana reduto político de Collor de Melo. Nunca pertenci a esse pequeno colegiado da cidade de Juiz de Fora, se é que assim o mesmo pode ser chamado.

Duas ocasiões eu considero relevantes. Da visita dele à fábrica da Fiat, em Betim, município da Grande Beagá, quando na sequência do Fusca da Volkswagen, a empresa italiana lançou o seu carro popular, o modelo 147. E por ocasião da posse de um dos presidentes do Centro dos Cronistas Políticos e Parlamentares de Minas Gerais – CEPO. Foram dadas credenciais a todos os jornalistas da instituição para eles assistirem à solenidade de posse na Assembleia Legislativa ocupando cadeiras dispostas junto às bancadas dos parlamentares estaduais de Minas, no plenário. Acredito, por falta de espaço, para mim e o jornalista Wilker Rodrigues, igualmente integrantes do CEPO, foram destinadas credenciais possibilitando-nos ocupar as duas últimas cadeiras da última galeria com vistas bem do alto para o Plenário, do lado direito onde se situa a Sala de Imprensa, entrada pela Rua Rodrigues Caldas, no bairro Santo Agostinho, zona nobre de Belo Horizonte.

Ao chegar com a comitiva de Itamar, me dirigi com ele para o Salão Nobre, sendo barrado pelo segurança a exercer a função. Levantei a lapela do meu paletó e mostrei a credencial da PR, me possibilitando o acesso em qualquer dependência onde o presidente estivesse. Na Sala da Presidência da Assembleia estava o cardeal dom Serafim Fernandes de Araújo, ex-vigário da paróquia de minha cidade natal, Curvelo, Centro Norte de Minas Gerais, muito amigo da minha família, que ficou a conversar com o presidente Itamar. Foi de Curvelo que dom Serafim saiu para ser bispo e cardeal. Numa deferência, o religioso que me conheceu criança cumprimentou-me com um aceno de mão. Itamar então me chamou, sabendo da minha admiração por dom Serafim. Nessa hora chegou o governador Hélio Garcia, polido, porém sem esquecer as desavenças com o presidente da República, a quem ofereceu na mesma noite um jantar em palácio. Ocasião para todos os colunistas sociais dos jornais belorizontinos disputarem a tapas os convites. Itamar o cumprimentou com polidez, mas não perdeu a chance de pedir licença e me chamar para uma conversa em particular durante longo período.

Eu havia escrito uma carta a ele motivada por sugestão do advogado e intelectual Roberto Medeiros, inclusive um sambista também, com o qual participava de muitas tertúlias em minha casa ou restaurantes. Em diversas circunstâncias com a participação do ex-presidente do Sindicato dos Jornalistas Profissionais de Minas Gerais, Luiz Carlos Bernardes, o Peninha. Na missiva eu tinha apontado, em conjunto com o Medeiros, ideias quanto aos problemas nacionais da educação. Para a minha surpresa, Itamar disse ser impossível enfrentar os donos de colégios particulares. Ao ouvir isso, Roberto não gostou nada da resposta e comentou depois:

– Se ele que é Presidente não pode, quem é que vai poder? ...

E enquanto nós dois conversávamos, Serafim ficou anfitrionando o governador Hélio Garcia.

No prazo regulamentar de indicar o seu sucessor, com o apoio de todo o grupo próximo a ele, exceção do jornalista Mauro Santayana, Itamar apontou o nome de seu ex-chanceler e ministro da Fazenda, Fernando Henrique Cardoso, para disputar a sucessão. E empenhou todas as suas forças nesse mister com o objetivo de derrotar o PMDB, como dizia ele, liderado por alguns caciques, entre os quais o senador maranhense José Sarney e o deputado federal mineiro Newton Cardoso. Chegou ao cúmulo de permitir a FHC ter participação, segundo o próprio Itamar, a posteriori, de um trabalho inexistente na fase de implantação do Plano Cruzado, o que o político cearense Cyro Gomes afirma igualmente ser verdade, atribuindo o sucesso econômico das novas medidas implantadas ao embaixador Rubens Ricupero.

Passada a faixa presidencial a FHC, Itamar foi cuidar de atividades diplomáticas. Embaixador do Brasil em Portugal, Lisboa, e depois, embaixador do Brasil na Organização dos Estados Americanos (OEA), em Washington. Porém, já há muito tempo, em rota de colisão com Fernando Henrique Cardoso. Os desentendimentos entre os dois começaram cedo, agravando-se quando FHC comprou do Congresso Nacional, óbvio, com as exceções de praxe, o direito à reeleição, pagando a cada parlamentar o preço de 200 mil reais por cabeça, em tempos da moeda nacional bastante valorizada, inclusive paritária ao dólar norte-americano.

Precipitado diante das acusações surgidas na mídia, o então Partido da Frente Liberal (PFL) – hoje DEM –, expulsou de seus quadros dois parlamentares envolvidos nas compras: os federais acreanos que em confissões gravadas admitiram o processo: Ronivon Santiago e João Maia. A partir daí não foi mais possível desmentir o episódio, contudo a imprensa preferiu não aprofundar no assunto que até hoje rende acusações a FHC. Bem como se insiste na proteção tucana.

De minha parte, abrindo outra etapa, fui convidado pelo doutor Milton Drumond Fortes da Silva, delegado geral da Polícia Civil de Minas, homem de relevada cultura, na ocasião chefe de gabinete do então secretário de Segurança Pública mineira, doutor Santos Moreira, a assumir a Assessoria de Imprensa do Curso de Estudos Superiores de Planejamento Estratégico (CESPE), da Academia de Polícia Civil de Minas Gerais (Acadepol). Era objetivo fundamental do doutor Milton Fortes modernizar os métodos de ação da Polícia Civil para transformá-la em uma Polícia Cidadã face às novas exigências dos Direitos Humanos na sociedade moderna, mesmo sendo ele um conservador. Porém com o diferencial de alta cultura.

Previa-se o crescimento populacional, o avanço do consumo das drogas e a necessária busca de know how em países do primeiro mundo para o enfrentamento de tais situações. Era parte importante do processo. Quando Fortes foi nomeado reitor da Acadepol, fui seu assessor de imprensa na instituição. Mesmo ele sabendo eu ser um anarquista filosófico, o que nunca escondi de ninguém. Nem a impedir uma convivência fraterna até os dias atuais, mesmo ele sendo conservador. A cultura era e é o ponto de união. O 11 de novembro ainda não havia ocorrido, e a questão do terrorismo internacional, mesmo em pauta, não tinha as dimensões de hoje.

Os cursos intensivos tinham a duração de seis meses e o corpo docente era integrado por professores da Escola Superior de Guerra (ESG). Abordava, com palestras multidisciplinares, além de áreas específicas da atividade policial, questões envolvendo a segurança interna e externa brasileira, a cobiça internacional sobre a Amazônia e o elenco de nossas riquezas naturais de toda ordem. Além dos professores do quadro permanente da ESG, palestras de ministros e secretários de Estado, inclusive de nações estrangeiras, de todas as áreas, de parlamentares federais e estaduais, empresários, professores, jornalistas, setores operários, enfim um amplo espectro de pensamentos sem patrulhamento ideológico.

O doutor Milton Fortes foi o responsável por intercâmbios com a Scotland Yard e diversas instituições policiais internacionais, além de seminários diversos. O último dos quais com a participação de representantes do México, Estados Unidos da América do Norte, Canadá, Japão, França e Itália. Italianos e norte-americanos por ele visitados posteriormente chefiando delegações mineiras, valendo-se dos conhecimentos e amizades arroladas ao longo de viagens anteriores. Dos mais importantes eventos internacionais na capital de Minas foi o último Seminário Internacional de Polícia. Como sempre, a imprensa mineira deu pouca atenção aos assuntos, sendo diferente dessa posição o caso do jornalista Luiz Carlos Bernardes, o Peninha, então na TV Bandeirantes e ex-presidente do Sindicato dos Jornalistas Profissionais de Minas Gerais.

Na ocasião foi muito abordada a questão da operação Manni Puliti – Mãos Limpas – com policiais italianos de alta envergadura discorrendo sobre a questão. Observador atento, num comparado avanço ao futuro presente pude observar nada ter a ver com os métodos empregados no Brasil pela Operação Lava Jato do juiz Sérgio Moro e seu exército de procuradores tendo à frente o apocalíptico Deltan Dallagnol e delegados e policiais aecistas da Polícia Federal.

Quando desse seminário internacional, o doutor Milton Fortes convidou a palestrar o doutor Javier Bustamante, primeiro reitor da Universidade Virtual Complutense de Madri, um especialista espanhol com larga expertise em ciência da computação. O mesmo era igualmente professor convidado da Pontifícia Universidade Católica de Minas Gerais – PUC-Minas – naquela época, e participou de toda a atividade cespiana em sua última fase.

Com ele fiz amizade, conversando muitos dias sobre o futuro. Comunicação, internet e influências como um todo na vida moderna. Principalmente a democratização da informação. Chegamos a falar na possibilidade de um livro a quatro mãos, envolvendo TI e Comunicação. Mas é de se salientar que a esse tempo eu chamava os computadores de suas excelências. O livro não chegou a ser escrito em virtude de outros afazeres meus.

Foram muitas e longas as conversas com ele, preciosos aprendizados. Mas a verdade é que com exceção dos convidados estrangeiros, dos professores da ESG, do Reitor da Acadepol, doutor Milton Drumond Fortes da Silva, e de mim, os ensinamentos do professor Bustamante foram escutados por muitos como se fossem estórias de science fiction ou HQs de Buck Rogers, lidos em nossas infâncias. Mas assim mesmo, apesar de todo o interesse e busca de informações, insistia eu em chamar os computadores de suas excelências, munido de precaríssimos conhecimentos adquiridos quando de minha passagem por onze meses na extinta agência de publicidade, trabalhando com equipamentos Macintoshs, onde valeu o convívio com os (as) colegas, principalmente o jornalista e escritor Márcio Rubens Prado, de São Miguel e Almas de Guanhães.

Tive igualmente a ideia de escrever um livro focando essa passagem profissional em um aparato de segurança do Estado. Entretanto, passados alguns anos, quando voltei à Academia de Polícia Civil de Minas Gerais, em busca de documentação, tive a ingrata surpresa de ser informado de todos os arquivos, quer sejam de suporte em papel ou digital, terem desaparecido sem que ninguém desse alguma informação. De tal projeto ficou restando um título que eu criei na hora, chamado Inteligência Proibida. Deixei aquele local, pressuposto de saber, com a nítida ideia de não haver o menor interesse em divulgar um momento fulgurante existido ali. As razões disso? Sinceramente não sei explicar. Desleixo? Inveja? Insisto que não sei explicar e muito menos são praias onde gosto de nadar. Se algo existe e na ocasião negaram, preferiram mentir para mim afirmando nada existir.

Certo é que o desenrolar do tempo ia me mostrando, cada vez mais, os Executivos, os Legislativos e os Judiciários sendo atropelados pela informática. E concluí que isso traria consequências sérias. Os políticos de todos os escalões existentes e o Judiciário também. Sem contar a mídia corporativa feito craca de navio agarrada a seus antigos métodos e interesses, fechando os olhos ao futuro instalado como se o mesmo avançasse em direção ao passado.

TENTATIVA DE RETORNO À PRESIDÊNCIA

Com Itamar Franco eu continuava a falar ao telefone pelo menos três vezes por mês. Elaborava para o mesmo, sem qualquer custo, relatórios e análises dos episódios políticos a acontecer no Brasil, especialmente o quadro mineiro. Com um detalhe: as ligações internacionais eu as pagava do próprio bolso, excetuando-se quando ele me ligava. E enviava a documentação via fax. Tinha permissão para ligar a cobrar, mas só usei de tal prerrogativa uma vez.

Certa tarde eu saía da Assembleia Legislativa de Minas Gerais e um acadêmico de medicina me abordou e pediu para que fosse assinado um documento solicitando intervenção popular contra o fechamento do Hospital das Clínicas em Belo Horizonte, uma unidade-escola que presta relevantes serviços aos mineiros. Assinei e disse que poderia fazer mais. Parágrafos acima disse ter trabalhado com parlamentares estaduais de Minas, inclusive ex-presidentes do Legislativo, a exemplo de Romeu Queiroz. Sugestão aceita, procurei Romeu e ele igualmente apôs a sua assinatura ao documento. Pedi a ele permissão para usar um dos telefones do gabinete para fazer uma ligação a cobrar para a cidade de Washington. Atendido, pedi para falar com o embaixador brasileiro na OEA, Itamar Franco, que veio ao telefone e ouviu a explicação do problema. Ele não titubeou um segundo:

– Redija o que você julgar conveniente, me envie pelo fax que eu assino.

Assim procedi e em 20 minutos estava com o documento assinado por Itamar Franco, sem alterar uma vírgula sequer em minhas mãos. Passei toda a documentação ao acadêmico de quem não me lembro o nome pelo simples fato de ter perdido o papel no qual fiz as anotações. Nesse processo de não desativação do Hospital das Clínicas de Belo Horizonte, bem próxima da Escola de Medicina da Universidade Federal de Minas Gerais – UFMG – também teve um destacado papel ajudando a mantê-lo aberto à então senadora Júnia Marise de Azeredo Coutinho, hoje afastada da política.

Próximo a terminar o período de mando de Fernando Henrique Cardoso, Itamar decidiu disputar a Presidência da República com FHC, pela sigla do PMDB, para a qual havia retornado, disputando em convenção se o partido continuaria aliado ao Planalto ou teria candidatura própria. Por insistência do professor e doutor em Direito da UFMG Paulo Roberto Cardoso, viajei a Brasília convencido pelo argumento de meu interlocutor de que assistiria a *um episódio histórico que irá gerar muitas consequências para o futuro*. E assim foi. Itamar sendo abatido em suas pretensões por FHC. Na Capital Federal, a convenção para se saber se o Partido do Movimento Democrático Brasileiro (PMDB) teria um candidato próprio ou apoiaria o representante *tucano*, realizada no Congresso Nacional, resultou em verdadeira *baixaria* comandada por Michel Temer (SP), Jader Barbalho (PA), Iris Resende (GO), José Sarney (MA) e Newton Cardoso (MG), entre outros no comando do *baixo clero*. Itamar quase se viu impedido de falar face aos apupos. Registrou-se a presença de vários *bate-paus* armados com porretes.

Somente a voz possante e o físico do senador peemedebista Roberto Requião (PMDB/PR) impuseram respeito.

Mas o final era inteiramente previsível. Tão logo o doutor Paulo Roberto Cardoso e eu chegamos ao Congresso, a primeira pessoa que vi foi o jornalista maranhense, ex-governador primeiro e único da ilha de Fernando de Noronha, Fernando César Mesquita, na ocasião extremamente ligado a Sarney. Depois de cumprimentá-lo e apresentá-lo ao Paulo Roberto, fui direto ao assunto:

– Meu amigo... Qual a previsão de resultado?

– Fernando Henrique terá o apoio do PMDB. E narrou os nomes citados parágrafos acima como sendo os daqueles que estavam articulando pró-Palácio do Planalto.

Perdida a convenção, Itamar voltou os olhos novamente para o Palácio da Liberdade, disposto a candidatar-se ao governo de Minas Gerais, opondo-se ao então governador *tucano* Eduardo Azeredo, bastante desgastado politicamente, principalmente em função da primeira greve da Polícia Militar de Minas Gerais, iniciada nas dependências do Batalhão de Choque – BP-Choque –, em Belo Horizonte, depois que os oficiais da instituição receberam um aumento que não foi estendido a toda a tropa, principalmente sargentos, cabos e soldados, configurando um monumental erro estratégico. Belo Horizonte viveu dias de pânico e o movimento grevista dos policiais civis e militares alastrou-se pelo País. Foi quando perdeu a vida o cabo Valério, com um tiro na têmpora direita, depois de trocar de lugar com o cabo Júlio, o líder do movimento grevista, na ocasião em que militares paredistas junto com policiais civis tentaram invadir o QG da PMMG.

Revelaram fontes da PMMG a este repórter e escritor que o tiro que abateu o cabo Valério veio do alto, partido de um ponto estratégico localizado no antigo Palácio dos Despachos, hoje Casa Fiat de Cultura, através de um atirador de elite devidamente paramentado. A ele é atribuído o codinome FM- 1. Por quê? Seria relativo a fuzil Mauser 1 ou as iniciais de alguém envolto em sombras? Atribuir o disparo a um soldado fiel às chefias, bem como ao coronel PM Eleutério é falso. O oficial chegou mesmo a trocar uma automática pelo 38 de um acadêmico de Polícia Militar, mas o fez com vistas a se defender de um linchamento e sabendo que, na eventual refrega, se uma automática cair ao chão, ela trava e fica inutilizada, preferindo meio mais seguro para se defender. Na ocasião ele integrava o Comando Policial da Capital. A tropa rebelada estava furiosa com os então comandantes do CPC, coronel José Guilherme do Couto, Herbert Magalhães, do Gabinete Militar do governador Eduardo Azeredo e o comandante geral da PMMG, coronel Antônio Carlos do Santos, os quais garantiram que dado o aumento somente para a oficialidade superior, eles conseguiriam segurar a soldadesca, o que não ocorreu. O então governador Eduardo Azeredo foi na conversa, assinou o aumento e viajou para a capital francesa, Paris. O militar acusado do disparo, outro sem ser o atirador de elite, foi condenado a uma pena longa, cumpriu um tempo, saiu livre e um dia recebeu disparos de várias armas a partir de um carro a passar por sua porta. Será que o mesmo tinha lembranças inconvenientes da morte do cabo Valério? Saberia o significado de FM-1?

Mas retornemos à linha de raciocínio interrompida. De novo Itamar Franco teria de enfrentar o ex-governador Newton Cardoso. Porém uma grande distância separa o querer do poder. Uma tarde, estando reunidos na suíte presidencial do Othon Palace Hotel, no centro de Belo Horizonte, o ex-presidente da República indagou ao falecido advogado José de Castro Ferreira, a Marcelo Siqueira, Ruth Hargreaves, Ivan Vianna, Arthur Viana e a mim, o que nós achávamos de uma composição dele com Newton Cardoso na qual o mesmo seria o cabeça de chapa e Newton o vice-governador. O primeiro a se manifestar entusiasticamente a favor foi o ex-deputado federal José de Castro Ferreira, seguido por Marcelo Siqueira, Ruth e Ivan, que chegou a ponderar sobre a possibilidade de futuras divergências. O dizer não ficou por conta do Arthur Vianna e de mim, argumentando que seria inexorável haver o desacordo futuro suscitado pelo Ivan. Mas prevaleceu democraticamente a voz da maioria. Além do mais, o embaixador José Aparecido de Oliveira, finalista de todas as decisões de Itamar Franco, ficamos sabendo, já estava de acordo.

Fontes sob a promessa solene de nunca terem os seus nomes revelados disseram:

– Itamar não dispunha de estrutura ou dinheiro para enfrentar o rival, porém Fernando Henrique Cardoso, farto dele a falar mal de seu governo como embaixador em nações estrangeiras, resolveu isolá-lo em Minas Gerais.

– Para tanto – acrescentou o outro – chamou Newton Cardoso para uma conversa e, usando de toda a polidez disponível, fez o ex-governador mineiro entender que ele poderia vir a enfrentar os mecanismos burocráticos do Banco Central e da Receita Federal.

Certo é que Itamar Franco, a partir de um ponto fora da curva, para os analistas políticos, formulou aos amigos de então a pergunta citada parágrafos acima, sem mencionar as suas causas e razões para o que estava acontecendo. De repente, um batalhão de choque, tendo à frente o ex-ministro e ex-secretário da Casa Civil em Minas Henrique Hargreaves, desembarcou em Belo Horizonte, com a campanha tomando novos rumos. Os dois *amigos para sempre* mudaram suas estratégias de campanha adaptadas aos novos tempos.

Formada a aliança, Itamar se candidatou a governador de Minas tendo como vice Newton Cardoso e o reforço da candidatura do doutor José de Alencar como postulante a uma cadeira no Senado da República. E por insistência dele, Itamar, trabalhei na campanha a custo zero, imposição feita por mim depois de receber o convite. Viajei em mais outro périplo a aproximadamente 360 municípios de Minas Gerais. Entretanto, por várias desorganizações no âmbito da campanha, comuniquei que estava me retirando daquela frente de trabalho. Passados três dias, recebi do jornalista Otaviano Lage, chefe do setor de imprensa de Itamar, um telefonema no sentido de me informar haver certo numerário à minha disposição no comitê de campanha. Lembrei a ele a imposição feita a Franco segundo a qual somente trabalharia a custo zero em virtude de ser *a campanha pobre de um homem probo*. O que foi dito a Itamar.

Em Minas Gerais, as eleições estaduais de 1998 apresentaram como principais candidatos ao governo do Estado: Patrus Ananias (PT), hoje senador pelo mesmo partido; Eduardo Azeredo (PSDB), que acabou em futuro pretérito renunciando à vida política para evitar complicações com a Lei Eleitoral, e, assim mesmo, o então procurador geral da república na ocasião, o também mineiro Rodrigo Janot, pediu para ele 22 anos de prisão; e Itamar Franco (PMDB). Hoje Azeredo é funcionário da Federação das Indústrias de Minas Gerais – Fiemg. O Tribunal de Justiça de Minas Gerais – TJMG – , onde o processo se encontra parado, manifesta-se sobre a questão com lentidão, correndo risco de prescrição quando Azeredo atingir 70 anos. Como nenhum deles alcançou mais de 50% dos votos, foi realizado um segundo turno entre o então governador Azeredo e o ex-presidente do Brasil, Itamar Franco, sendo Itamar o vitorioso. Ao Senado, os principais candidatos foram: Murilo Badaró (PPB), Moamed Rachid (PST), Júnia Marise (PDT) e José Alencar (PMDB), sendo o último o vitorioso desse pleito.

Após as eleições de 1998, fui convidado a trabalhar na Prodemge, a estatal a cuidar do setor informático em Minas, atuando como responsável pela área cultural e assessor de imprensa do presidente da ocasião, o paranaense Jacson Carvalho Leite. Comecei ainda no primeiro trimestre de 1999. Um detalhe curioso. O réveillon de 2000 eu passei de olhos pregados frente a um computador face à expectativa mundial diante do *bug do milênio*. Lá criei novo caminho profissional somando o aprendizado de Bustamante com as lições de Jacson Leite. Ao deixar o cargo, enfrentei um problema de saúde grave e com a graça de Deus e a competência médica superado, mas antes exigindo de mim uma cirurgia e a aposentadoria que não desejava naquele momento em que já não chamava mais os PCs de *suas excelências*.

A briga de Itamar com Newton Cardoso, a quem *pela segunda vez traiu* – de acordo com alguns comentários feitos diretamente comigo pelo próprio Newton –, ocorreu próximo ao final do governo. Itamar já havia deixado FHC aos brasileiros como herança *tucana*, fazendo de Aécio Neves da Cunha, outro legado nefasto depois. Tais informações são necessárias para a contextualização no espaço/tempo porque a história a ser contada, dizendo respeito ao preâmbulo, a sugerir um romance surreal, se tem parte a ver comigo, na essência é a saga da afronta aos direitos humanos, à liberdade de expressão e de imprensa e do terror vivido pelo jornalista e publicitário Marco Aurélio Flores Carone e uma grande relação de jornalistas durante os governos de exceção *tucanos* em Minas Gerais, câncer no estado de direito democrático brasileiro, aos tempos de Aécio Neves, Antonio Anastasia e Alberto Pinto Coelho. Ele, Carone, sim. Eu não tenho Memórias do cárcere para narrar. Contextualizo, dentro do possível, as garras do terror que me atingiu também e via de consequências a todos os brasileiros, em especial a democracia.

ESTRUTURA DE NUVENS

Ao deixar a Prodemge, onde fiquei pouco mais de dois anos, aposentado, não por lá mas pelo INSS, continuei minha vida de produtor cultural – escritor de poemas, romances, haikais, letras de música, pintura, cinema – roteiro e direção – crítica de arte em geral. Idas ao cinema e ao teatro, espetáculos musicais e de dança, sem olvidar saídas para bate-papos com amigos e amigas. E sempre acompanhando de longe os acontecimentos do mundo.

Certa manhã encontrei o publicitário e jornalista Marco Aurélio Carone na Sala de Imprensa da Assembleia Legislativa de Minas Gerais. Amigo dele e da sua família há mais de 40 anos, passamos a conversar, ocasião de ficar sabendo o mesmo estar operando um site chamado Novojornal. Relatou-me projetos futuros e me convidou a conhecer a redação situada em um conjunto de duas salas no Bairro Belvedere, a área mais valorizada de Belo Horizonte, próximo ao Beagá Shopping. Avenida Luiz Paulo Franco, Beagá Mall 2, 2º andar, conjunto 302/303. Pouco depois, ao querer fazer uma compra, sinalizei para um táxi e, depois de adquirir um disco de blues que andava a procurar, exatamente no *mall* mais antigo de Beagá, fui visitá-lo no citado endereço. Acostumado às grandes redações dos antigos jornais e outras das diferentes mídias analógicas, estranhei a exiguidade do ambiente e o pouco número de funcionários para uma produção tão constante de matérias em *real time*. Imediatamente me lembrei do *Admirável mundo novo*, de Aldous Huxley.

Não que o lugar onde eu estava sugerisse uma sociedade inteiramente organizada segundo princípios científicos, na qual a mera menção das antiquadas palavras "pai" e "mãe" provoquem repugnância. Mundo de gente programada em laboratório, adestradas para cumprir seu papel numa sociedade de castas biologicamente definidas já no nascimento. Planeta no qual a literatura, a música e o cinema só têm a função de solidificar o espírito de conformismo. Um universo que louva o avanço da técnica, a linha de montagem, a produção em série, a uniformidade, e que idolatra Henry Ford. Essa é a visão desenvolvida no romance anti-utópico de Huxley, ao lado de 1984, de George Orwell, os exemplos mais marcantes, na esfera literária, da tematização de estados autoritários.

Se Orwell critica acidamente governos totalitários de esquerda e direita, o stalinismo e o nazifascismo, em Huxley o objeto é a sociedade capitalista, industrial e tecnológica, a racionalidade se tornando outra religião, a ciência novo ídolo. Um mundo no qual a experiência do sujeito não parece mais fazer nenhum sentido, e no qual a obra de Shakespeare adquire tons revolucionários. Entretanto, o moderno clássico de Huxley não é um mero exercício de futurismo ou de ficção científica. Trata-se, o que é mais grave, de um olhar agudo acerca das potencialidades autoritárias do próprio mundo em que vivemos. Como um alerta de que, ao não se preservarem os valores da civilização humanista, o que nos aguarda não é o paraíso iluminista da liberdade, mas os grilhões de um admirável mundo novo e autoritário. Ao aguardar ser recebido, pensei em tais coisas. De novo comentei comigo próprio sobre os políticos atropelados pela tecnologia, bem como o Judiciário, os executivos e a mídia corporativa.

Já não chamava mais um computador de sua excelência, porém naquele momento se abriram para mim as portas da realidade da estrutura de nuvem, a nova plataforma da mídia e senti estar vivenciando uma importante transição. Confesso ter amargado nostalgia das grandes redações conhecidas, distantes ali naquele ambiente asséptico, no máximo seis funcionários incluindo a faxineira a trabalhar e respostas imediatas com interferência direta dos internautas quanto às matérias publicadas. Senti, ali, haver terminado o espaço para a manipulação. E o fim do se quiser, *as cartas dos leitores* e assim mesmo, olhe lá. Isso depois de ser *apresentado* ao jornal. Fomos para a sala dele e entre um cafezinho e outro, Marco Aurélio detalhou para mim os planos futuros incluindo uma TV digital e me formulou o convite:

– Por que você não escreve para nós? Pelo menos um editorial por dia. De início remunero o pagamento do táxi para você vir e voltar e suas despesas com suas refeições. Faça a experiência. Se você gostar, teremos outra conversa. Essa estrutura pequena ainda é o início, me desculpe não oferecer mais, não trabalhamos direta ou indiretamente com publicidade. As que você vê nos são enviadas pelo Google com base em nossos índices de acesso em fase de crescimento.

– Gostaria de assinar as matérias e em todas elas oferecer espontaneamente o direito de resposta a todas as pessoas físicas e jurídicas que forem citadas.

– Não tem o menor problema. Se você quiser, coloque ainda um identificador com a logomarca de seu apelido, Pica-Pau.

– Não. Me basta assegurar o direito de resposta espontâneo a todos os citados.

No futuro pretérito, o espaço de resposta foi utilizado uma única vez, pela Companhia Energética de Minas Gerais – Cemig – face a uma redação do Carone. Entretanto, a emenda ficou pior do que o soneto. A nota da empresa, sem querer, acabou confirmando os fatos denunciados. É interessante salientar que nunca mais ninguém quis usar o direito de resposta. Por quê? Carone garantiu!

– O que não contavam é que a emenda ficasse pior que o soneto, a própria Cemig confirmando a veracidade da denúncia.

Aceitei o convite e no dia seguinte estava lá. Escrevi o primeiro editorial e observei a inovação: debaixo de todas as matérias contendo denúncias, Carone dependurava um *varal* de PDFs relativos a documentos oficiais comprovando a veracidade das denúncias apresentadas. Compreendi muito rápido a nova forma de se fazer jornalismo. Com orgulho posso relatar nos quase seis anos aproximadamente em que escrevi matérias bem duras para os padrões da imprensa, principalmente a mineira, nunca fui desmentido ou contestado. Não demorou muito Carone me fez uma proposta profissional compatível com o tamanho do faturamento do Novojornal.com.br. Inserido no meio digital, comecei a perceber o aumento progressivo das interações críticas dos internautas.

E não me passou em brancas nuvens a resistência mineira, principalmente dos políticos, em aceitar o novo, mantendo-se aferrados às estruturas tradicionais, cada dia perdendo mais espaço. Recusando-se a crer em números exponencialmente crescentes de um site da *web* e gerando um fenômeno coletivo. O crescimento em escala exponencial do Novojornal.com.br era solenemente desdenhado. Sabíamos que as pessoas liam, mas uma espécie de medo paralisava a todos. Dizer Novojornal era como pronunciar algo sacrílego, levando as pessoas a falar *isto é mentira* ou então mais polidamente mudar de assunto.

Entre políticos e jornalistas por profissão vendidos ou mal informados, pensavam ser o PT o financiador do site através do então ministro Fernando Pimentel. Outros acreditavam que o dinheiro provinha do senador paulista José Serra, do PSDB, figadal inimigo cordial de Aécio. Foi preciso muito tempo através de um parto doloroso para a verdade vir à luz. Inclusive para mim, no que diz respeito às fontes de financiamento. Nunca perguntei a nenhum patrão de onde vinham os recursos com os quais eu era pago. Por outro lado, nem mesmo ao tempo do jornalismo analógico optei pela autocensura. Não sou nenhuma exceção entre os colegas brasileiros para poder dizer nunca ter padecido com os censores, sejam eles os militares ou os civis. Mas a liberdade total da qual dispunha para escrever no Novojornal me chamava a atenção. Eram assuntos polêmicos envolvendo a política e a economia, tanto no plano nacional quanto estadual e municipal e mesmo internacional.

Do Marco Aurélio Carone sempre continuava ouvindo somente a recomendação:

– Publique o que você quiser, sem tomar partido e fundamentado em provas que, você já entendeu, devem ser publicadas em forma de PDF.

Na verdade desnecessária a recomendação, pois em toda a carreira segui, sigo e seguirei tais princípios éticos, orgulhando-me de nunca ter sido desmentido ou sofrido um processo. Para mim ficavam cada vez mais evidentes os ensinamentos aprendidos com o professor Javier Bustamante e Jackson Leite naquilo que diz respeito aos mistérios da informática. Inclusive, a confirmar o diálogo do Pequeno Príncipe, de Exupéry, com a raposa, na constatação de que *nem tudo é perfeito.*

Em contrapartida à possibilidade de se postar uma informação em plano mundial em 15 segundos, de se ganhar agilidade através dos e-mails e WhatsApps, a digitação com o uso de corretores automáticos, a postagem de fotos e filmes instantâneos, há o risco das espionagens à distância que podem chegar ao extremo da utilização de drones, satélites e cabos submarinos através de arapongas cibernéticos com técnicas especializadas. Nada demorei a observar todas as vantagens. Custei mais foi a perceber os perigos. Isso porque eles são insidiosos e embalados de formas vistosas. Nem mesmo uma simples senha de usuário de internet é segura. Existem entendidos que através do exercício mesmo de pouca paciência, com uma meia dúzia de indagações às máquinas, conseguem identificá-las.

NADANDO EM OUTRAS PRAIAS

A necessidade me obrigou a pesquisar um mínimo da questão cibernética. Pelo menos em teoria conhecer mais um pouco. A ler mais sobre o tema e a conversar com pessoas e buscar textos especializados em TI tentando, no mínimo, adquirir um verniz. Descobri, *hackers* podem ser do bem ou do mal. Para se defenderem, em sendo do bem, tem de saber atacar também; *cracker* designa indivíduos a quebrar sistemas de segurança de forma ilegal ou sem ética; *cypherpunks*, bit-a-bit, a lógica binária, ou *bitwise operation*, a base de todo o cálculo computacional. Operações básicas a constituir o poder dos computadores. Qualquer uma delas, por mais complexa, é traduzida internamente pelo processador para essas operações. Vocábulos, sentidos, incorporados ao dicionário. Da prática reafirmo que quase nada sei. Em teoria estou, de forma mínima, informado. Quem são eles, para que servem e alvos. Assim mesmo ainda de forma elementar, insisto.

Descobri, *Cyberpunk* é um subgênero de ficção científica, conhecido pelo enfoque de alta tecnologia e baixo nível de vida. Mesclando ciência avançada com algum grau de desintegração ou mudança radical na ordem social. Lawrence Person, escritor em língua inglesa de alta ficção científica, os define: *Personagens do* cyber*punk clássico são seres marginalizados, distanciados, solitários, que* *vivem à margem da sociedade, geralmente em futuros distópicos, pensamento, filosofia ou o processo discursivo baseado numa ficção cujo valor representa a antítese da utopia. Onde a vida diária é impactada pela rápida mudança tecnológica, uma atmosfera de informação computadorizada ambígua e a modificação invasiva do corpo humano.*

Para William Gibson, no livro Neuromancer, *cyberpunk* é uma espécie de pichador virtual que utiliza seu conhecimento acima da média para realizar protestos contra a sistemática vigente das grandes corporações, sob a forma de vandalismo com cunho depreciativo, a fim de afligir-lhes prejuízos sem, contudo, auferir qualquer ganho pessoal com tais atos. Para uns, o mundo ciberpunk é um lugar sinistro, sombrio, com computadores ligados em rede que dominam todos os aspectos da vida cotidiana, empresas multinacionais gigantes substituindo o Estado como centros de poder.

Citei tais pontos para se ter a ideia e a complexidade de um assunto que não domino, dispondo como já dito apenas de pequenas informações, igualmente envoltas em outras análises pertinentes. *Neuromancer*, de William Gibson, é dos mais famosos romances do gênero *cyberpunk*. Ganhou os três principais prêmios da ficção científica: Nebula, Hugo e Philip K. A data da primeira publicação é 1º de julho de 1984, pela editora Ace Books.

Nesse mundo só dado a conhecer na plenitude aos iniciados, o que não é o meu caso, me dedico apenas a uma pesquisa superficial, como já informado, para saber, no mínimo, significados de terminologias dominadas por poucos. No Google fui encontrar termos explicativos para o que suponho seja o *beabá* de grupos a dominar tecnologias e conhecimentos a lhes permitir exercer as suas funções. Não sendo livro didático da matéria, a técnica redacional recomenda então a síntese. Quanto às denominações e grupos existentes: principais, classificações secundárias, terciárias ou subgrupos e termos criados por autores.

Hacker, um fuçador, quanto mais conhece – visto a análise, assimilação e compreensão para muito além do comum –, explora falhas e não acredita que nenhum sistema é seguro, entrando e vasculhando objetivos sem fazer mal. É uma espécie de construtor cibernético só com o intuito de criar. Existem desde o final de 1950 e formam três grupos: *White hat* (chapéu branco) – éticos, interessados em segurança e apegados à Lei. Se constatam falhas até informam os responsáveis por sistemas; *Gray hat* (chapéu cinza) – defendem a aceitabilidade de penetrar sistemas desde que não se cometam roubos, vandalismos ou infrinjam a confidencialidade. Similares ao primeiro grupo às vezes sim, às vezes não; e *Black hat* (chapéu negro) – considerados pelos éticos como *crackers* ou *dark-side* (lado negro ou escuro), agem sem ética. *Cracker* é especialista em quebras de sistema. Que usa a atividade ilegal ou sem ética. Existem *crackers* de criptografia, *crackers* de softwares e as suas subdivisões, porém, o foco central é o mundo dos jogos. *Crackers* de segurança, especialistas em desenvolvimento de programas malwares (softwares nocivos) como vírus, worms (vermes) e trojans (*trojan horse* – cavalo de Troia malicioso). Podem ser confundidos com arackers – hackers de araque – maioria no mundo *cyber*, enquanto en*crackers* podem ser definidos como encrenqueiros virtuais.

Pichadores virtuais existem em duas categorias: *defacers* e *phreackers*. *Defacer* é termo inglês para o ato de modificar ou danificar a superfície ou aparência de algum objeto (*defacement*); nesse caso, sites ou domínios. Comparáveis à ação de pichar um muro por exemplo. Geralmente *defacers* fazem ataques de cunho político, tendo como alvos sites governamentais, autarquias e algumas corporações. Mencionam-se também os *phreackers*, mestres especializados em telefonia e redes, ligações gratuitas, reprogramação de centrais, instalação de escutas, clones de celulares, desbloqueios, escutas via frequências, modificações de *engines* de aparelhos. É um apaixonado por telefones e toda tecnologia que emana deles.

Enfim, uma terminologia com desdobramentos e funções, como já dito não se enquadrando na proposta principal compatível com o desenvolvimento do *Diálogo com ratos*. Como em tudo ou quase tudo na vida, um panorama da dualidade entre o bem e o mal em variada gama de espectros. Lamentável ser também uma criação que permitiu à humanidade ter as ferramentas a globalizar o conhecimento, aproximar culturas e pessoas, ter atitudes e comportamentos negativos no *underground* da grande rede, onde há de tudo para vários gostos, até cair no conhecimento do grande público – *mainstream* – a corrente principal para a visualização de todos.

Meu primeiro e mais profundo contato direto com o mundo *cyberpunk* decorreu da leitura do livro de Julian Assange, editor-chefe do WikiLeaks, logo depois da organização obter repercussão vazando informes secretos do governo de Washington e, pouco depois, o caso do ex-agente secreto norte-americano Edward Snowden, hoje exilado em Moscou. O livro *Cypherpunks – liberdade e o futuro da internet* é resultado das reflexões de um grupo de ativistas a atuar na linha de frente da batalha em defesa do ciberespaço. A questão fundamental que o livro apresenta: a comunicação eletrônica vai nos emancipar ou nos escravizar? Editado pela Boitempo em 2013, traz o resultado das reflexões do autor com um grupo de pensadores rebeldes e ativistas que atuam também nas linhas de frente da batalha em defesa do ciberespaço: Jacob Appelbaum, Andy Müller-Maguhn e Jérémie Zimmermann. A edição brasileira conta com a colaboração da jornalista Natália Viana, Agência Pública, e do filósofo esloveno Slavoj Žižek. A tradução é de Cristina Yamagami. Apesar de a internet ter possibilitado verdadeiras revoluções no mundo todo, Assange prevê grande onda de repressão no universo on-line, a ponto de considerar a internet como *possível ameaça à civilização humana devido à transferência do poder de populações inteiras a um complexo de agências de espionagem e seus aliados corporativos transnacionais que não precisarão prestar contas pelos seus atos* Em contrapartida, propõe o lema *privacidade para os fracos e transparência para os poderosos.*

O livro reflete sobre a vigilância em massa, censura e liberdade, mas o principal tema é o movimento *cypherpunk*, que faz uso da criptografia como mecanismo de defesa dos indivíduos perante a apropriação e o uso bélico da internet pelos governos, estados e empresas. Os *cypherpunks* defendem a utilização da criptografia e métodos similares como meios para provocar mudanças sociais e políticas. O movimento teve início em 1990, atingiu o auge de suas atividades durante as criptoguerras e, sobretudo, após a censura da Internet em 2011 na Primavera Árabe. Para se ter uma ideia, o Brasil possui 128 bits que o permitem criptografar. Os Estados Unidos, o dobro. Abrindo-se uma oportunidade de se chegar a 500 bits. No caso brasileiro, os códigos criptografados, se vier de fato o anunciado computador quântico, poderão ser quebrados em meia hora, nos EUA em 12 horas e os presumíveis 500 logaritmos em 30 dias.

Certo dia, numa pausa para descanso, estirado em um sofá da sala de recepção do Novojornal, comecei a pensar sobre isso. Eu, um neófito a ouvir sobre algoritmos, criptografia e similares, e concluí que O Grande Irmão descrito por George Orwell em *1984*, desde há muito se encontra confortavelmente instalado entre nós, da mesma forma como o *Admirável mundo novo*, de Aldous Huxley, é o universo em que estamos a viver, ainda sem atingir a plenitude.

Lembrei-me da questão da inteligência artificial, a possibilidade de as máquinas substituírem os homens, tema favorito da ficção científica nas últimas décadas do século XX. Todos, ou quase, se lembram de *2001, Uma odisseia no espaço*, de Stanley Kubrick, a máquina chegando a dominar os comandos dos criadores. Stephen Hawking, gênio da astrofísica, acredita que o desenvolvimento da inteligência artificial é um perigo potencial à humanidade. Em termos de espionagem cibernética, sabe-se que só se consegue minimizar riscos. Diz Sílvio Queiroz em 18/08/2013, atualizado em 02/09/2013, Correio Braziliense via blog Soberano e Livre: *somos todos vulneráveis.*

As revelações do ex-consultor de inteligência Edward Snowden sobre os programas do governo americano para espionar globalmente a telefonia e a internet não expuseram uma exceção.

***

Ao contrário: segundo o brasileiro André Luís Woloszyn, analista da área com passagem pela Secretaria de Assuntos Estratégicos da Presidência, potências europeias, Rússia e China, entre outros, *fazem o mesmo, na medida do alcance de cada um*. Ele, autor do livro *Guerra nas sombras*, adverte que no mundo da cibernética, *chora menos quem pode mais em matéria de tecnologia*. Indagado, respondeu: *O Brasil só tem como minimizar os efeitos*. Um trecho da entrevista:

– Não tem como se defender: em primeiro lugar, porque nós temos hoje no mundo 12 provedores de internet, e 10 estão nos EUA. No momento em que toda comunicação que se faz tem de ir para lá, não é preciso nem de uma base aqui. Nós estamos pagando o preço pelo fato de não termos tecnologia. A única forma de se precaver é usar mensagens criptografadas, como já fazem alguns grandes órgãos de imprensa mundiais. Também vai ser preciso reduzir aquilo que se diz e que se escreve na internet. No momento, é uma das únicas maneiras de minimizar essa forma de espionagem.

– Que tipo de dados está ao alcance de quem faz esse rastreamento, em termos de interesses de Estado?

– Em questões estratégicas, temos os interesses nacionais de determinados países que fazem esse tipo de espionagem – não só os EUA, mas também China, Reino Unido, que coletam dados na *web*. O Brasil é um país em ascensão, tem muitas coisas de interesse estratégico. Por exemplo, a compra dos caças – para reequipar a FAB –, que gerou uma disputa entre empresas francesas, americanas. No passado houve a concorrência para o Sivam. Detalhes sobre o submarino nuclear brasileiro, sobre a política ambiental do governo federal, tudo isso é de interesse. Isso não é novo, vem de Sun Tzu, mas hoje passa a fazer parte da competição econômica, não só da guerra.

– Com o fim da Guerra Fria, a espionagem econômica se sobrepôs aos assuntos propriamente de defesa?

– A gente tinha um paradigma de atuação na Guerra Fria. Hoje, com as novas tecnologias, a coisa se tornou muito mais acelerada. Também porque as ameaças que surgiram são híbridas.

São pontuais e surgem de forma imprevisível. É o caso dos ciberataques: hoje, qualquer guerra será travada no ciberespaço, como também o terrorismo e o crime, inclusive o narcotráfico. O fundador do WikiLeaks, Julian Assange, foi um dos primeiros a alertar a respeito dessa questão da privacidade na internet. Ela foi criada para objetivos militares e depois passou a ser o que conhecemos hoje: democratizou o acesso ao conhecimento, venceu barreiras que eram intransponíveis... Mas trouxe também a pirataria digital. Hoje, um *hacker* na África tem o mesmo potencial técnico de uma nação desenvolvida.

– Qual é o impacto dos novos atores, como você chama no seu livro, nesse mundo das sombras?

– É um impacto forte, em função das motivações deles. Assim como temos grupos que atuam pela liberdade de informação, temos outros com diversas ideologias e com o mesmo poder tecnológico para efetuar um ciberataque. Em uma sociedade cada vez mais dependente das novas tecnologias, em vez de o terrorista acionar uma bomba, instala um vírus nos computadores de aeroportos e é capaz de produzir o pânico.

– Nesse quadro, como ficam os alinhamentos entre Estados, dentro da nova ordem mundial que estamos vendo se formar?

– Temos o caso do Snowden, mas também do Bradley Manning (o ex- soldado americano que entregou informações sigilosas ao WikiLeaks). Ele expôs documentos não só militares, mas também da diplomacia. Na minha opinião, esse tipo de informação não tem tanto impacto entre países, mas tem um impacto de mídia. Mas os agentes estatais também fazem esse tipo de interface: a França faz, o Reino Unido faz. Para a opinião pública, isso é inconcebível, mas nos bastidores das relações internacionais, onde se diz aquilo que não pode ser dito em público, isso é visto como natural. A China faz, a Rússia faz…

***

A última leitura sobre inteligência artificial foi um artigo médio, comentário sobre a capacidade da produção em série de verdadeiros robôs humanos, sem nenhum tipo de sentimento ou ética, inclusive aspectos físicos como a ausência da dor, verdadeiras máquinas dispostas à luta de vida ou morte, o que, convenhamos, é bastante assustador.

Ao me aprofundar centímetros nessa área, a curiosidade de repórter investigativo me fez formular a mim mesmo uma indagação: estarão as escolas de comunicação a ensinar aos seus alunos coisas do passado ou torna-se urgente e necessária uma modificação da grade escolar para permitir que a massa estudantil, sem desprezar a história e conceitos éticos imutáveis, tome conhecimento das novas tecnologias acessíveis? E quantos alunos dessa área da ciência já viram o filme *Snowden*?

ALGORITMOS

Nas pesquisas feitas por mim quanto a essa questão, fui encontrar no Jornal GGN, editado pelo jornalista Luís Nassif, atualizado em 16/10/2016, um texto preocupado com os diversos tipos organizacionais da história da humanidade através dos tempos. No momento atual, baseado em algoritmos computadorizados, vi a entrevista do professor Paulo César Castro, da Escola de Comunicação da Universidade Federal do Rio de Janeiro (ECO/UFRJ). *Em entrevista ao IHU, o docente se diz preocupado com a liberdade de exposição de pensamentos do indivíduo comum e, mais ainda, do risco que corre ao questionar alguma forma de vigilância posta em prática por governos e empresas, haja vista os casos Julian Assange e Edward Snowden, o primeiro refugiado na embaixada do Equador em Londres desde 2012, e o segundo na Rússia – os dois por denunciar mecanismos de controle e vigilância dos serviços de segurança dos Estados Unidos.*

***

Castro explica tudo isso na entrevista ao IHU – On Line. Os algoritmos têm sido, para ele umas das expressões máximas da lógica que estabelece hierarquias, recomenda o melhor e o pior, define valores e gostos, aponta caminhos e soluções e, por fim, redesenha muitos de nossos valores e vínculos sociais. Na matéria é acrescentado: A era do algoritmo. Empresas e governos veem sem serem vistos, agem sem serem percebidos. Castro não se assume pessimista, nem apocalíptico, conforme denominação de Umberto Eco, mas reconhece que as ações dos serviços de segurança dos Estados Unidos já denunciadas em episódios como os que envolvem Julian Assange e Edward Snowden possam ser indícios para preocupações. Parece que qualquer um de nós que denunciar o caráter totalitário dos governos através dessa forma moderna de vigilância vai pagar um preço bem alto, teme.

– Se cada era está submetida a algum princípio de organização, mais recentemente este princípio está essencialmente baseado nos algoritmos computadorizados". (...)

Lembra que *(...) governos e corporações privadas estão buscando saber cada vez mais sobre quem interage com as tecnologias digitais. Por isso, defende que qualquer pessoa deve aprender como navegar em sites ou como usar quaisquer equipamentos digitais, assim como saber sobre o monitoramento que ela pode estar sendo submetida. Ao mesmo tempo que deveríamos poder dizer se queremos ou não ser monitorados, também temos o direito de saber o que será feito efetivamente com os dados recolhidos a nosso respeito. (...) (...) Trata-se de um caminho sem volta. E se o uso das tecnologias digitais já está inexoravelmente associado ao nosso dia a dia, inclusive como fator de inclusão social, não temos outra opção a não ser debater publicamente, nas redes sociais, nas ruas ou nos espaços formais da atuação política, o papel dos algoritmos*, defende.

Castro ao mesmo tempo em que defende debater sobre os algoritmos e suas lógicas, acrescenta que isso não significa *demonizar a internet*.

– *"Representa a realização do saudável exercício da democracia em um espaço que vem se configurando como tão importante e vital para nossa existência".*

O professor Castro dedica-se a pesquisas nas áreas de semiótica, comunicação, midiatização, internet, redes sociais, jornalismo e produção editorial. A entrevista foi publicada na revista IHU On-Line, n°. 495, de 16 de outubro de 2016. Confira a entrevista abaixo, em que importantes perguntas são respondidas. Vamos reduzi-las sem prejuízo do conteúdo, por uma questão de espaço.

IHU On-Line – O que são algoritmos e de que maneira eles estão presentes na vida das pessoas?

Paulo César Castro – Os problemas passaram a ser resolvidos em escalas muito maiores, e em tempos infinitamente muito mais curtos, principalmente a partir da capacidade das máquinas de executarem repetidamente operações de menor ou maior complexidade. Como as tecnologias digitais assumiram uma dimensão fundamental na nossa existência contemporânea, concernente ao conceito de bios midiático de Muniz Sodré, e em grande parte suas lógicas têm sido regidas pelos algoritmos, eles estão presentes nas nossas vidas de uma forma mais espraiada do que a maioria das pessoas sequer imagina. (...) Os algoritmos estão por trás de uma, aparentemente banal, pesquisa no Google, dos anúncios publicitários que estão sempre a nos espreitar em qualquer página que visitamos, da forma como nossa *timeline* no Facebook é organizada, da lista de filmes que o Netflix nos exibe assim que ligamos a televisão. Se podem ter sua aplicação tão costumeiramente associada à escolha das ações nas quais investir, podem também ser os responsáveis pela lógica das ações policiais em uma cidade, pelos métodos de triagem de suspeitos na fila de um aeroporto, pela escolha de alguém, numa lista de candidatos, para ocupar uma vaga de emprego, pelas pessoas que são indicadas umas às outras num site de relacionamentos, pelos valores dos seguros, de acordo com a forma como os motoristas dirigem. A lista seria inesgotável, pois não há quase nada na nossa interação com as tecnologias digitais, principalmente as baseadas na internet, que não seja acompanhada por algum, às vezes, insidioso algoritmo.

IHU On-Line – O senhor tem usado a expressão Era do Algoritmo. Conceitue-a, por favor.

Paulo César Castro – O uso massivo da internet em escala global tem instituído – aproveitando ainda o conceito de *bios* midiático – outra ambiência, e é através dela que temos, cada vez mais, redefinido nossas formas de vínculo social. Nesse novo modo de sociabilidade, que Muniz Sodré elabora a partir da visão tríade de Aristóteles sobre os gêneros de existência na *polis* – o do conhecimento, o dos prazeres e o da sociabilidade política –, os algoritmos têm sido, para mim, umas das expressões máximas da lógica que estabelece hierarquias, recomenda o melhor e o pior, define valores e gostos, aponta caminhos e soluções e, por fim, redesenha muitos de nossos valores e vínculos sociais. Se as mídias tradicionais, ainda que não sejam as únicas, ainda desempenham um papel significativo como classificadores dos sentidos, baseadas nos fundamentos algorítmicos dos *gatekeepers* – conceito jornalístico – para edição, aquele que define o que será noticiado de acordo como valor, notícia, linha editorial e outros critérios, podendo ser entendido igualmente como porteiro da redação, esse trabalho passa cada vez mais a ser dividido com o nexo algorítmico das máquinas. Se cada era está submetida a algum princípio de organização, mais recentemente esse princípio está essencialmente baseado nos algoritmos computadorizados, como aponta o escritor das áreas de tecnologia e cultura Navneet Alang – de origem canadense.

Ele, aliás, defende que o século 19 teve o romance como seu princípio organizador, enquanto o século 20 teve a televisão. Como nos últimos tempos a mutação tecnológica é muito mais rápida, Alang considera que o site foi o princípio por trás da *web* 1.0, e, pouco tempo depois, com a *web* 2.0, esse mudou para os aplicativos. Os dispositivos que ele indica para cada era podem até ser questionáveis, mas pelo menos todos têm em comum o pertencimento ao campo das mídias.

Evidentemente que não assumo como minha a formulação da expressão era dos algoritmos, mas, se a uso, é porque acredito na importância que eles crescentemente têm tido para a sistematização de visões de mundo – reiterando-as ou propondo outras. Mas o mais problemático é que, por serem elaborados com técnicas computacionais/matemáticas, levam à crença de que estão isentos de qualquer subjetividade. E por causa de sua invisibilidade – pois, no geral, agem silenciosamente entre uma interação e outra do usuário com as tecnologias digitais, sem serem devidamente anunciados –, muito pouco ainda têm sido submetidos a escrutínio, avaliação ou crítica. Minha impressão é que as escabrosas revelações feitas por Julian Assange, do Wikileaks, e por Edward Snowden ainda não foram suficientes para despertar devidamente na sociedade uma ampla discussão sobre os meios que vêm sendo usados para monitorar todas as nossas ações no ambiente da internet.

IHU On-Line – Do que se trata a lógica midiatizante dos algoritmos, tema já explorado pelo senhor em suas reflexões?

Paulo César Castro – O algoritmo funciona sobre o seguinte princípio básico: *input* > processamento > *output*. Após a entrada de algumas informações básicas em um dispositivo, elas são processadas segundo um algoritmo que, ao final, apresenta um resultado como saída. Uma operação matemática com uma calculadora pode representar um exemplo bem simples de aplicação do algoritmo. Com a internet, os *inputs* têm sido dados pelos próprios usuários a partir de suas interações com diferentes dispositivos conectados à internet, seja de modo deliberado ou, muitas vezes, sem que sequer tenha consciência desse ato. Os registros dessas ações são então armazenados em imensos reservatórios chamados de Big Data e processados segundo as lógicas algorítmicas internas a cada dispositivo ou tecnologia, pertencentes a governos, empresas, instituições não governamentais e até a pessoas físicas. O *output*, em cada situação, depende dessas entradas e dos modos como foram programados os seus processamentos. Sendo assim, a experiência do usuário com as tecnologias, de acordo com o que lhe é recomendado como ordem, valor, classificação, sistematização etc., e até mesmo pelo que deixa de ser recomendado, é baseado no processo midiatizante que têm os algoritmos como lógica. Não se trata aqui de considerar esse usuário como um mero receptor passivo e indefeso diante dos *outputs* que lhe são dirigidos, pois ele pode reagir sob as mais diferentes estratégias aos encantos dos algoritmos e de suas instituições proprietárias, mas isso não significa que, diante da importância dos discursos que vêm sendo formulados a partir dessa nova ambiência, o debate não deva ser feito. Aliás, já está mais do que na hora. (...)

***

Para muitos, o limite entre esfera pública e esfera privada esgotou-se. Se as grandes potências medem forças em estrutura de nuvens, o Novojornal foi um laboratório da mesquinhez governamental de Minas Gerais, em certo tempo, na prática de tal processo em plano raso. Leitores puderam observar as opiniões teóricas dos experts expostas nos dois últimos capítulos se aglutinarem em termos de verdade materializada, apesar de todas as precauções quanto ao plano técnico que permite minimizar danos. Porém, foi tamanho o desespero que os irmãos Aécio e Andrea Neves abandonaram a tecnologia e partiram para a utilização da força bruta e a corrupção antiga. Mas a verdade continua indestrutível. E no caso do Novojornal, deliberações fixadas exatamente por razões políticas através de quem tem o dever de combater irregularidades. O site foi vítima de crakeamentos de toda sorte: antes da força bruta, tentativas de ações cibernéticas e físicas no sentido de se obterem ilegalmente as nossas fontes ou tirá-lo do ar, beneficiando exatamente o continuísmo da prática de irregularidades.

Certa vez percebi algumas alterações em meu PC e procurei um técnico em TI. Ao ser atendido por ele e orientado pelo mesmo, pude ver na tela ataques partidos um de New York, dois de São Paulo e quatro da cidade do Rio de Janeiro. Os do Rio localizados em uma área próxima ao Morro do Alemão, sendo que a alguns quilômetros à frente, em linha reta, existe uma enseada, e nela uma ilha frequentada por nomes do *jet set*. Não muito distante também fica a UERJ. Isso só para o leitor se situar e confirmar a prática das teorias expostas acima.

TEORIA E PRÁTICA

Se em espectro ligeiro explicita-se um pouco de teoria e prática, quem viu ou verá o filme *Snowden, um traidor ou um herói* (?) terá a visão mais ampla da realidade atual. Espiões iguais ao *O homem que veio do frio* (1966) – com direção de Martin Ritt, com Richard Burton no papel principal do roteiro baseado no *best seller* escrito por John Le Carré, mostrando a amoralidade dos dois lados oponentes durante a Guerra Fria – estão fora de moda. Bem como o aventureiro e glamoroso agente de sua majestade a rainha, o Agente 007, que *tem permissão para matar*, imortalizado nas telas por Sean Connery nos melhores filmes da série James Bond. Eles estão aposentados. Agora só em museus do cinema e prateleiras dos colecionadores. As espionagens agora vêm do espaço e envolvem outras tecnologias.

Quem assistir ao filme *Snowden*, dirigido por Oliver Stone – entre outros, diretor de *Nascido a 4 de julho* e *Platoon*; ele, na realidade, um veterano da Guerra do Vietnã – poderá avaliar, de maneira taxativa, o quão grave foi a interferência de Washington na derrubada da presidenta eleita Dilma Rousseff, em função dos interesses intervencionistas norte-americanos em abocanhar a Petrobras e outras riquezas naturais do Brasil. Com a obtenção ilegal de documentos, como o fez também em relação à estatal petroleira venezuelana.

A história do ex-agente da CIA e da NSA – National Security Agency – revela a perversidade do sistema, a banalizar a vida de inocentes ou culpados. Não faz diferença que sejam mortos em qualquer recanto do planeta, sem a menor possibilidade de escapar, como os homens matam mosquitos, ainda que sejam crianças absolutamente indefesas e sem culpa de nada, através de drones hoje utilizados também para filmar shows, casamentos e entregar pizzas. E não há margem de dúvidas de que *O grande irmão*, de George Orwel, em *1984*, está confortavelmente instalado entre nós, configurando um *Admirável mundo novo* de Aldous Huxley, escrito em 1931. Velhos, adultos e crianças não fazem diferença, são todos alvos em potenciais em todos os países do mundo.

Frente à questão se Edward Snowden é um traidor ou um herói, a resposta que se obtém é que se trata de um jovem indignado com tanta canalhice praticada, no caso por Barack Obama, traindo os discursos das campanhas eleitorais dele. E uma triste conclusão é a de que a segurança para os estadunidenses é um valor colocado acima da liberdade, como ele ouviu de um de seus superiores ao se referir *às guerras por areia e petróleo*.

O filme é um longa marcante com sequências de realidade a nos informar de que todos nós, eu, vocês leitores, através de nossos celulares, computadores, e-mails e até mesmo simples consultas bancárias, temos as nossas vidas devassadas até mesmo nos mínimos detalhes de nossas intimidades. Basta dizer que para bloquear vazamentos ou roubo de informações, o roteiro foi escrito em apenas um computador sem acesso à internet durante o tempo de duração do trabalho. Bom lembrar que o filme nada tem a ver com países das órbitas socialista ou pseudo socialistas. Foi rodado em Munique, na Alemanha, com dinheiro alemão e francês. Afinal ninguém gosta de ser *arapongado*.

Stone não economizou palavras ao se referir à espionagem do governo americano, através da NSA, contra a presidente Dilma Rousseff e a Petrobrás, durante os últimos anos. Ele afirmou: *Dilma era um problema. Estava sendo vigiada. Era um alvo de vigilância. Não encontraram nada contra ela e colocaram no governo, no seu lugar, gente que não foi eleita, apoiado pelos Estados Unidos*. Em todos os lugares por mim conhecidos, isso se chama golpe. Porém existem até mesmo militares nacionalistas (?) que vestiram a camisa da CBF e foram às ruas protestar contra a presença de Dilma no Palácio do Planalto. Esses patriotas (?) exacerbados devem ver o filme e meditar sobre ele. O argumento para a cinebiografia nasceu dos livros *Snowden Files*, do jornalista do *The Guardian* Luke Harding, e de *Time of Octopus*, do advogado russo de Snowden, Anatol Kucherema.

Snowden, hoje vivendo em Moscou, é personificado pelo ator Joseph Gordon-Levitt. O salário dele foi doado para grupos que pesquisam o uso da tecnologia digital como aliada da democracia, nos moldes como preconiza o WikiLeaks, de Juliam Assange, que teve importante papel em retirar Snowden de Hong Kong para a capital russa. Não deve passar desapercebido, mesmo com todo o avanço tecnológico, o fator humano. Um dos melhores cérebros que a humanidade já produziu esteve no âmbito da CIA e da NSA. Nas horas exatas, o universo conspira. A narrativa evidencia o encontro de Snowden com o grupo da documentarista Laura Poitras, detida 37 vezes em aeroportos diversos, e dois jornalistas do *The Guardian*, Glenn Greenwald e Ewen MacAskill. Poitras foi a diretora de *Oath*, envolvendo questões ligadas a Guantánamo, e *My country, my country*, descrevendo a invasão do Iraque determinada por George W. Bush. Chamou a atenção o fato de a população inteira de Tóquio ter sido *grampeada*.

Quando entrevistado, no Rio de Janeiro e em São Paulo, para o lançamento do filme, Stone foi ao ponto: "tenho certeza que Washington contribuiu para o golpe no Brasil, fornecendo informações que a NSA coletou. Os EUA estão trabalhando em todos os lugares do mundo para atingir seus objetivos: Ucrânia, Ásia, Europa. E tudo tem a ver com o que o Snowden fala: controle total, nova ordem mundial. Mas lutar pelo seu ideal e ir à guerra por ele é uma coisa; mudar regimes é outra; é algo muito perigoso".

Foi no site Viomundo, no domingo, dia 20 de novembro de 2016, que eu encontrei publicada uma carta de Snowden que fala diretamente aos brasileiros sob o título *Carta Aberta ao Povo do Brasil*. É a seguinte a sua íntegra publicada poucos dias antes no jornal *Folha de São Paulo*:

"Seis meses atrás, emergi das sombras da Agência Nacional de Segurança (NSA) dos EUA para me posicionar diante da câmera de um jornalista. Compartilhei com o mundo provas de que alguns governos estão montando um sistema de vigilância mundial para rastrear secretamente como vivemos, com quem conversamos e o que dizemos.

Fui para diante daquela câmera de olhos abertos, com a consciência de que a decisão custaria minha família e meu lar e colocaria minha vida em risco. O que me motivava era a ideia de que os cidadãos do mundo merecem entender o sistema dentro do qual vivem.

Meu maior medo era que ninguém desse ouvidos ao meu aviso. Nunca antes fiquei tão feliz por ter estado tão equivocado. A reação em certos países vem sendo especialmente inspiradora para mim, e o Brasil é um deles, sem dúvida.

Na NSA, testemunhei com preocupação crescente a vigilância de populações inteiras sem que houvesse qualquer suspeita de ato criminoso, e essa vigilância ameaça se tornar o maior desafio aos direitos humanos de nossos tempos.

A NSA e outras agências de espionagem nos dizem que, pelo bem de nossa própria "segurança" – em nome da "segurança" de Dilma, em nome da "segurança" da Petrobras –, revogaram nosso direito de privacidade e invadiram nossas vidas. E o fizeram sem pedir a permissão da população de qualquer país, nem mesmo do delas.

Hoje, se você carrega um celular em São Paulo, a NSA pode rastrear onde você se encontra, e o faz: ela faz isso 5 bilhões de vezes por dia com pessoas no mundo inteiro.

Quando uma pessoa em Florianópolis visita um site na internet, a NSA mantém um registro de quando isso aconteceu e do que você fez naquele site. Se uma mãe em Porto Alegre telefona a seu filho para lhe desejar sorte no vestibular, a NSA pode guardar o registro da ligação por cinco anos ou mais tempo.

A agência chega a guardar registros de quem tem um caso extraconjugal ou visita sites de pornografia, para o caso de precisarem sujar a reputação de seus alvos.

Senadores dos EUA nos dizem que o Brasil não deveria se preocupar, porque isso não é "vigilância", é "coleta de dados". Dizem que isso é feito para manter as pessoas em segurança. Estão enganados.

Existe uma diferença enorme entre programas legais, espionagem legítima, atuação policial legítima – em que indivíduos são vigiados com base em suspeitas razoáveis, individualizadas – e esses programas de vigilância em massa para a formação de uma rede de informações, que colocam populações inteiras sob vigilância onipresente e salvam cópias de tudo para sempre.

Esses programas nunca foram motivados pela luta contra o terrorismo: são motivados por espionagem econômica, controle social e manipulação diplomática. Pela busca de poder.

Muitos senadores brasileiros concordam e pediram minha ajuda com suas investigações sobre a suspeita de crimes cometidos contra cidadãos brasileiros.

Expressei minha disposição de auxiliar quando isso for apropriado e legal, mas, infelizmente, o governo dos EUA vem trabalhando arduamente para limitar minha capacidade de fazê-lo, chegando ao ponto de obrigar o avião presidencial de Evo Morales a posar para me impedir de viajar à América Latina!

Até que um país conceda asilo político permanente, o governo dos EUA vai continuar a interferir com minha capacidade de falar.

Seis meses atrás, revelei que a NSA queria ouvir o mundo inteiro. Agora o mundo inteiro está ouvindo de volta e também falando. E a NSA não gosta do que está ouvindo.

A cultura de vigilância mundial indiscriminada, que foi exposta a debates públicos e investigações reais em todos os continentes, está desabando.

Apenas três semanas atrás, o Brasil liderou o Comitê de Direitos Humanos das Nações Unidas para reconhecer, pela primeira vez na história, que a privacidade não para onde a rede digital começa e que a vigilância em massa de inocentes é uma violação dos direitos humanos.

A maré virou, e finalmente podemos visualizar um futuro em que possamos desfrutar de segurança sem sacrificar nossa privacidade.

Nossos direitos não podem ser limitados por uma organização secreta, e autoridades americanas nunca deveriam decidir sobre as liberdades de cidadãos brasileiros.

Mesmo os defensores da vigilância de massa, aqueles que talvez não estejam convencidos de que tecnologias de vigilância ultrapassaram perigosamente controles democráticos, hoje concordem que, em democracias, a vigilância do público tem de ser debatida pelo público.

Meu ato de consciência começou com uma declaração: "Não quero viver em um mundo em que tudo o que digo, tudo o que faço, todos com quem falo, cada expressão de criatividade, de amor ou amizade seja registrado. Não é algo que estou disposto a apoiar, não é algo que estou disposto a construir e não é algo sob o qual estou disposto a viver".

Dias mais tarde, fui informado que meu governo me tinha convertido em apátrida e queria me encarcerar. O preço do meu discurso foi meu passaporte, mas eu o pagaria novamente: não serei eu que ignorarei a criminalidade em nome do conforto político. Prefiro virar apátrida a perder minha voz.

Se o Brasil ouvir apenas uma coisa de mim, que seja o seguinte: quando todos nos unirmos contra as injustiças e em defesa da privacidade e dos direitos humanos básicos, poderemos nos defender até dos mais poderosos dos sistemas".

A tradução do documento é de Clara Allain.

No filme sobre o mesmo Snowden, pode ser visto como o *Programa de Drones* do governo dos EUA é utilizado para matar de longe alvos pré-escolhidos à distância, transformando um ser humano em pó em trinta segundos, e total desrespeito à vida. Óbvio que no combate à pedofilia, ao terrorismo, ao tráfico de drogas, ao tráfico de escravos e órgãos humanos para transplantes, tais avanços do ciberespaço são fundamentais, porém o que não se pode é, em qualquer circunstância, deixar de lado a ética, a transparência e a moral. Enfim, direito de defesa.

Mais recentemente, um ataque de *hackers* sem precedentes, em uma sexta feira, 12 de maio de 2017, provocou alerta no mundo e exige investigação internacional para identificar os culpados, segundo a Europol, Serviço Europeu de Polícia. Empresas e órgãos públicos de 14 estados mais o DF foram afetados no Brasil, segundo a Agência France-Presse. A onda de ataques atingiu quase uma centena de países em todo o mundo, afetando o funcionamento de muitas empresas e organizações, como hospitais britânicos, a gigante espanhola Telefónica e a empresa francesa Renault.

Um vírus ransonware, explorando uma falha nos sistemas Windows, exposta em documentos vazados da Agência Nacional de Segurança dos Estados Unidos (NSA), exigiu resgate em dinheiro – entre US$ 300 e US$ 600 em Bitcoins, segundo o grupo russo de segurança Kaspersky Lab. Ou seja, eles *sequestram* o acesso aos dados e pedem uma recompensa.

No Brasil foram atingidos a Petrobras; o Instituto Nacional do Seguro Social – INSS –; os Tribunais da Justiça de São Paulo, Sergipe, Roraima, Amapá, Rio Grande do Sul, Mato Grosso do Sul, Minas Gerais, Rio Grande do Norte, Piauí, Bahia e Santa Catarina; o Ministério Público de São Paulo; o Itamaraty; e o Instituto Brasileiro de Geografia e Estatística – IBGE.

O Serviço Público de Saúde britânico – NHS – quinto empregador do mundo, com 1,7 milhão de trabalhadores, foi a principal vítima no Reino Unido. O gigante americano do correio privado FedEx, o Ministério do Interior russo e o construtor de automóveis francês Renault – que suspendeu sua produção em várias fábricas da França para evitar a propagação do vírus – indicaram à AFP que também foram hackeados. Segundo a Kaspersky, a Rússia foi o país mais atingido pelos ataques. Os meios de comunicação russos afirmam que vários ministérios, assim como o banco Sberbank, também foram atacados. E não se espera que os ataques parem por aqui.

Ao final deste capítulo, mesmo tendo de citar um autor pouco recomendável, Fernando Collor de Melo, que disse ser o tempo *O senhor da razão*, certamente não é à toa que tanta polêmica invade os Estados Unidos da América do Norte e a Rússia. As forças de segurança norte-americanas acusam os eslavos de terem interferido ciberneticamente na eleição presidencial que conduziu Donald Trump à Casa Branca, levantando uma inusitada suspeita de amizade dele com o líder russo Vladimir Putin. Será isso a resultante de mera paranoia ou uma verdade muito mais séria do que supomos que se encontra por trás de tudo? Isso num tempo em que a expressão guerra cibernética se popularizou e até o Brasil dispõe de unidades especializadas.

ESPECIFICIDADE DO NOVO JORNAL

No caso do site mineiro Novojornal, entre tantos, havia outro mistério de difícil compreensão que suscitava indagações e que somente o passar do tempo e certas precipitações político-policial-judiciárias foram revelando por que acontecia. A exigir outra forma de pesquisa. O tonitruante silêncio da imprensa mineira e pode-se dizer, mesmo da chamada grande mídia nacional – tanto o Partido da Imprensa Golpista – *PIG* – quanto os alternativos, com as devidas ressalvas – face ao que era divulgado e provado. O poder do dinheiro é avassalador tanto para a venda como para a compra. Óbvio, mas é assim mesmo que funciona desde muito, embora não deva ser.

***

No dia 3 de dezembro de 2016, oficialmente o governo norte-americano, depois de uma aprovação do Capitólio, divulgou para o mundo que qualquer suspeito aos olhos de Washington pode ser monitorado ciberneticamente em qualquer ponto do planeta e não mais apenas na área de jurisdição de um juiz estadunidense que venha a liberar tal procedimento, como era então até aquela data. Pouco tempo antes, um avião russo Su-24 equipado com um sistema de neutralização radio eletrônica de última geração, sem armas, paralisou o *destroyer* americano Donald Cook, armado de mísseis de cruzeiro Tomahawk, incidente ocorrido no Mar Negro. E assim *La nave va*. É importante irmos seguindo o roteiro lógicos de tais fatos.

***

Voltando à teoria, em 08 de outubro de 2010, na Internet fomos descobrir o artigo *Guerra de Quarta Geração*, com o fim de *aniquilar, controlar ou assimilar o inimigo*, de Manuel Freytas, no *Gaceta em Movimiento*, reproduzido em espanhol por Pedro Ayres e traduzido pelo Viomundo. Ele adverte: *A quarta guerra mundial já começou. Enquanto você descansa, enquanto você consome, enquanto você goza os espetáculos oferecidos pelo sistema, um exército invisível está se apoderando de sua mente, de sua conduta e de suas emoções. Sua vontade está sendo tomada por forças de ocupação invisíveis sem que você suspeite de nada. As batalhas já não se desenrolam em espaços distantes, mas em sua própria cabeça. Já não se trata de uma guerra por conquista de territórios, mas de uma guerra por conquista de cérebros, onde você é o alvo principal. O objetivo já não é apenas matar, mas fundamentalmente controlar. As balas já não se dirigem apenas a seu corpo, mas às suas contradições e vulnerabilidades psicológicas. Sua conduta está sendo checada, monitorada e controlada por especialistas. Sua mente e sua psicologia estão sendo submetidas a operações extremas de guerra de quarta geração. Uma guerra sem frentes nem retaguardas, uma guerra sem tanques nem fuzis, onde você é, ao mesmo tempo, a vítima e o algoz.*

Guerra de quarta geração – *Fourth Generation Warfare* – 4GW) é o termo usado pelos analistas e estrategistas militares para descrever a última fase da guerra na era da tecnologia da informação e das comunicações globalizadas, cuja formulação começou em 1989, quando foi publicado na edição de outubro da *Military Review* e na *Marine Corps Gazette*. Baseia-se em vários aspectos das transformações das guerras, sendo que a quarta fase tem sustentação intelectual no livro *A transformação da guerra*, do professor Martin van Creveld, da Universidade Hebraica de Jerusalém. Ele visualiza, no futuro, *bases militares substituídas por esconderijos e depósitos, e o controle da população sendo efetuado mediante a mistura de propaganda e terror*. Todos os aspectos da nova teoria ligados ao combate ao terrorismo e outros fatos aparentemente menos significativos.

Uma guerra sem fuzis, psicológica com o emprego planejado da propaganda e da ação psicológica orientadas a direcionar condutas, em busca de objetivos de controle social, político ou militar, sem recorrer ao uso das armas. Os exércitos militares substituídos por grupos de operação descentralizados, especialistas em insurgência e contra insurgência e por especialistas em comunicação e psicologia de massas.

– Diferentemente da guerra convencional, a Guerra de Quarta Geração não se desenvolve em teatros de operação visíveis. Não há frentes de batalha com elementos materiais: a guerra se desenvolve em cenários combinados, sem ordem aparente e sem linhas visíveis de combate; os novos soldados não usam uniformes e se misturam aos civis. Já não existem os elementos da ação militar clássica: grandes unidades de combate – tanques, aviões, soldados, frentes, linhas de comunicação, retaguardas.

O que tem de ser destruído é o cérebro humano. Para isso, palavras e símbolos devem constantemente bombardear as cabeças das pessoas fazendo com que elas associem isso aos propósitos dos guerreiros de quarta geração. Tomemos um exemplo brasileiro: as bandeiras do PT e do MST e tudo o que diz respeito às duas instituições. Pode virar um objetivo em tal processo. Em meados de

2016, ao escrever este livro, eram pauta de quase toda a mídia mundial as acusações formuladas por Barack Obama e Hillary Clinton contestando a eleição do biliardário Donald Trump para a presidência da República, criando problemas institucionais sérios naquele país. Verdade ou mentira, servindo apenas para justificar ações mais violentas contra a Síria e a Rússia, os perdedores acusavam o russo Wladimir Putin de ter comandado ações cibernéticas que influenciaram os resultados eleitorais para o comando da Casa Branca, como mais detalhado acima. Claro, o assunto é bem mais amplo, porém não estamos escrevendo um tratado de guerra de quarta geração.

BOMBA DE ALTOS MEGATONS

Agora retornando a fatos mais prosaicos. O futuro não chega por acaso. Em sua retaguarda, ele tem um passado e um efêmero presente no meio do seu curso. Em agosto de 2000 ocorreu no San Francisco Flat, região central de Belo Horizonte um crime de muita repercussão, a morte da modelo Cristiane Aparecida Ferreira, uma jovem sonhadora em busca da fama, envolvida sexualmente com muitos políticos importantes de Minas Gerais. Crimes existem desde que Caim matou Abel, conforme relato bíblico.

***

Ela perdeu a vida de forma brutal e de início foi informado suicídio. O futuro se encarregaria de outras nuanças, não essas típicas de crônicas policiais escandalosas, mas as verdadeiras razões.

***

Aqui, em aparente contradição, só aparente, precisamos de um *jump* no âmbito de *flashback*. O ano de 2002 comporta um *intermezzo*. Marco Aurélio Carone lançou-se candidato a governador de Minas Gerais, segundo suas declarações *para ajudar Aécio Neves*, tendo feito um acordo para ser apoiado posteriormente quando se candidataria a prefeito da sua cidade natal, Visconde do Rio Branco, na Zona da Mata mineira, em 2004. Porém, antes do pleito, ele sofreu grave acidente automobilístico próximo à cidade de Mariana, primeira cidade de Minas Gerais, no Quadrilátero Ferrífero de Minas, hoje conhecida mundialmente depois do Crime de Mariana, o formidável e criminoso rompimento da barragem de Fundão, localizada no subdistrito de Bento Rodrigues, a 35 km do centro desse município, em 5 de novembro de 2015. Rompeu-se uma barragem de rejeitos de mineração controlada pela Samarco Mineração S.A., um empreendimento conjunto das maiores empresas de mineração do mundo, a brasileira Vale S.A, a Samarco e a anglo-australiana BHP Billiton.

Inicialmente, a mineradora Samarco informou que duas barragens haviam se rompido – a de Fundão e a de Santarém. Porém, no dia 16 de novembro, a mesma Samarco retificou a informação, afirmando que apenas a barragem de Fundão havia se rompido. Isso provocou o vazamento dos rejeitos que passaram por cima de Santarém, que, entretanto, não se rompeu. As barragens foram construídas para acomodar os rejeitos provenientes da extração do minério de ferro retirado de extensas minas na região.

O rompimento da barragem de Fundão é considerado o desastre industrial que causou o maior impacto ambiental da história brasileira e o maior do mundo envolvendo barragens de rejeitos, com um volume total despejado de 62 milhões de metros cúbicos. A lama chegou ao Rio Doce, cuja bacia hidrográfica abrange 230 municípios dos estados de Minas Gerais e Espírito Santo, muitos dos quais abastecem sua população com a água do rio. Não é demais dizer que a lama *pavimentou* o curso do rio, causando a morte do mesmo a partir dos microrganismos de água doce até as cadeias alimentares mais altas, compostas por aves a ter os peixes como dieta e daí, por via de consequências, atingindo outras esferas, causando a irreversibilidade da questão. Muita vontade política, dedicação, esforço e dinheiro poderão amenizar algo, mas o Rio Doce original está definitivamente morto, o que justifica o título da obra literária do jornalista e escritor mineiro Wander Piroli, segundo o qual *Os rios morrem de sede.*

Um santuário de baleias no Sul do estado de Bahia foi atingido. E os ambientalistas consideraram que o efeito dos rejeitos no mar continuará por pelo menos mais cem anos, mas não há uma avaliação detalhada de todos os danos causados pelo desastre. Segundo a prefeitura do município de Mariana, a reparação dos danos causados à infraestrutura local deverá custar cerca de cem milhões de reais. Valores da época. Ambientalistas consideraram que o efeito dos rejeitos no mar continuará por pelo menos mais cem anos também, mas não houve uma avaliação detalhada de todos os danos causados pelo crime. Até hoje muito pouco se fez, interesses governamentais são mínimos e até mesmo o Ministério Público de Minas descumpriu recomendações técnicas ignorando que elevaram à altura de um prédio de 30 andares a contenção da barragem, o que gerou uma unificação criminosa em termos de segurança de engenharia. Das vítimas, 20 delas, até hoje as suas famílias não foram indenizadas.

As últimas informações dão conta de que no subsolo de Bento Rodrigues existe uma grande área cavernosa repleta de veios de ouro que as empresas proprietárias já desejam explorar. Surge então a pergunta: o crime de Mariana foi doloso ou culposo? Houve intenções recônditas de tornar a área inadequada mesmo à habitação humana. Dizem os espanhóis: *Yo no creo en brujas, pero que las hay, las hay.*

Carone não pereceu no desastre de Mariana, até porque o citado acidente automobilístico ocorreu antes. Escapou à morte, porém com sequelas graves. Um detalhe chama a atenção nesse episódio. A empresa seguradora do veículo pretendeu um exame no carro sinistrado. Contudo, de forma misteriosa, o mesmo, transformado em um monte de ferragens e latarias retorcidas, desapareceu, inviabilizando a perícia requerida pela seguradora. O auto acidentado havia sido recolhido pela Polícia Rodoviária do Estado de Minas Gerais.

Não se brinca com coisas sérias, mas não duvido que alguém possa ter imaginado como seria bom se qualquer tipo de rompimento de barragem tivesse tirado do ar o Novojornal, ele e eu, acrescentando mais números às estatísticas.

A família Carone sempre manteve fortes laços de amizade com os Neves, principalmente através dos patriarcas Jorge Carone Filho e Tancredo Neves e a matriarca Nísia Flores Carone, os pais de Marco Aurélio. Jornalista e publicitário que atuou profissionalmente no Rio de Janeiro, inclusive no âmbito da TV Globo, não raras vezes, segundo ele conta, a pedido do doutor Tancredo, se vendo solicitado a operações *de resgate envolvendo Aécio Neves com boletins de ocorrência policial.* Com o acidente e passadas as eleições de 2004, o jornalista e publicitário retornou a Beagá, em má situação financeira.

Aécio Neves da Cunha, nascido em Belo Horizonte, em 10 de março de 1960, é economista e político filiado ao Partido da Social Democracia Brasileira (PSDB). Antes ele foi do PMDB, do qual se afastou inconformado com a vitória de Newton Cardoso em 1986 para o governo de Minas Gerais. Indício de que não sabe perder mesmo. Foi o décimo sétimo governador de Minas Gerais entre 1º de janeiro de 2003 a 31 de março de 2010. É Senador da República pelo mesmo estado desde fevereiro de 2011. É graduado em economia pela Pontifícia Universidade Católica de Minas Gerais. Neto do ex-presidente Tancredo Neves, diz que com ele adquiriu suas primeiras *experiências políticas*. O que eu não levo fé. Em 1987, iniciou o primeiro mandato como deputado federal pelo estado de Minas Gerais, exercendo o cargo até 2002, totalizando quatro mandatos. Presidiu a Câmara dos Deputados no biênio de 2001-2002, renunciando ao cargo em dezembro de 2002, para assumir o governo de Minas Gerais. Aécio foi eleito governador de Minas em 2002. Foi reeleito na eleição de 2006. Corte seco.

Renunciou ao cargo em março de 2010 para concorrer ao senado federal, sendo substituído por seu vice, Antônio Anastasia. Nas eleições de 2010, foi eleito senador. Em 2013 foi escolhido presidente nacional do PSDB. Em 2014, foi candidato à Presidência da República por seu partido, tendo como principais adversários a candidata à reeleição, Dilma Rousseff (PT) e Marina Silva (PSB). Inconformado em perder, é um dos principais responsáveis por orquestrar a crise generalizada em que vive o Brasil, a partir do momento em que propôs inviabilizar o governo de Rousseff exercendo uma oposição irresponsável, segundo as suas próprias e chulas palavras, só para *encher o saco*. Não se eximindo de declarar de público pretender mesmo a inviabilização de importantes projetos governamentais para atingir a governabilidade. E conseguiu isso aliando-se a Michel Temer e Eduardo Cunha, todos considerados patronos do golpe de 2016, com características políticas, jurídicas e midiáticas. E a intervenção norte-americana com fôlego de uma guerra de quarta geração. Toda essa gente abençoada pelo STF.

O governo dele em Minas foi marcado por grandes escândalos de várias escalas e uma censura férrea exercida por sua irmã Andrea Neves, envolvendo a imprensa tradicional, chamada grande mídia – o Partido da Imprensa Golpista (PIG) – hoje criticada literalmente em todo o mundo. Também a alta dosagem de publicidade despertou curiosidade. Desde o futebol a importantes assuntos políticos e econômicos internacionais. Se a batuta do silêncio impunha omissões e comprava elogios, por vezes laivos de indignação rompiam a barreira do silêncio.

Em 2004 a cidade de Belo Horizonte, capital do estado de Minas Gerais, ficou agitada com um jogo de futebol entre as seleções do Brasil e da Argentina, no *Mineirão*, oportunidade em que o governador Aécio Neves, viciado também em publicidade, apresentou a modelo Daniela Cicarelli ao jogador Ronaldo *Fenômeno*, os quais se casariam mais tarde em Paris, no Castelo Chantilly. Uma união matrimonial de pouca duração como o chantilly que se desmorona ao sol. Terminou em *barraco*. Veteranos e dos melhores repórteres esportivos brasileiros, conta Ivã Drumond:

"Na noite da lua de mel, *Ronalducho* descobriu bastante cocaína em duas fronhas na mala de Cicarelli, motivando forte discussão. Depois a moça soube que o motorista do jogador escondia para ele uma valise cheia de camisinhas para serem usadas em relacionamentos extraconjugais, motivo para outra discussão e o final do casamento principesco".

O jogo resultou ainda no episódio da demissão do locutor esportivo Jorge Kajuru da TV Bandeirantes. Um dos trocos do narrador foi acusar Aécio de *cheirador, político rastaquera e ladrão,* conforme publicado no blog de Richard Jakubazko, jornalista e escritor, na internet. No Observatório de Imprensa, o analista esportivo Juca Kfuri comentou:

"Ontem (09/06/2004) selou-se o destino de Jorge Kajuru na TV Bandeirantes. Diante de uma proposta para que se desculpasse das justas críticas que fizera à verdadeira farra deslumbrada que foi a organização do jogo entre Brasil e Argentina – desculpas que deveriam ser dirigidas ao governador tucano de Minas Gerais, Aécio Neves – o jornalista preferiu o caminho de casa.

No que fez bem. Muito bem. Não houve quem não visse (e eu não vi) a diferença de tratamento dado ao torcedor comum no Mineirão e às celebridades, fossem do mundo político ou do artístico ou dos apenas emergentes, e não ficasse indignado, como boa parte da imprensa escrita registrou, fosse neste lance! (...)

(...) Quanto ao governador mineiro, no que diz respeito ao futebol, basta lembrar de dois fatos: quando presidente da Caixa Econômica Federal, não moveu uma palha para elucidar a denúncia sobre a existência de uma máfia na Loteria Esportiva, inquérito herdado de gestões passadas e que só encontrou boa vontade em sua apuração no curto período da gestão do pernambucano Marcos Freire, que morreu em acidente aéreo (...)".

Uma pequena intercessão: quando faleceu o doutor Tancredo Neves e assumiu o lugar que seria dele o ex-presidente José Sarney e Aecinho foi ser diretor da Caixa Econômica Federal, eu trabalhava na editoria de política do jornal *O Estado de Minas*. Aécio um dia ligou para a minha casa e disse-me que iria me nomear para trabalhar junto ao gabinete dele em Brasília, acrescentando que eu não precisaria comparecer à Capital Federal. Agradeci a ele pela lembrança de meu nome, me desculpei e disse em caráter irrevogável que não poderia aceitar. Tinha minhas desconfianças. Mas voltemos ao comentário de Juca Kfuri:

"(...) Bem mais recentemente, na presidência da Câmara dos Deputados, o neto de Tancredo Neves ajudou a livrar Eurico Miranda de ter seu mandato cassado, embora houvesse provas suficientes para tanto nas CPIs do Congresso".

Kajuru denunciou no ar que os deficientes físicos estavam sendo tratados como gado no Mineirão, em oposição ao tratamento dado aos convidados do governo mineiro e da CBF.

Em nota posterior, disse Kajuru:

"A Band Minas escolheu o portão do Mineirão como cenário de minha apresentação ao vivo. Desde 19h30 eu assistia a uma revolta de centenas de torcedores que não puderam comprar ingressos e que não tinham 400 reais para comprar nas mãos de cambistas. Toda a imprensa tinha conhecimento que somente 42 mil ingressos foram destinados ao grande público. E que mais de 10 mil ingressos-convites estavam nas mãos do governador Aécio Neves e do presidente da CBF, Ricardo Teixeira. Quando eu passei a ver de perto a revolta dos torcedores deficientes físicos que não podiam ter acesso ao portão que sempre foi para entrada exclusiva deles e que, naquele jogo Brasil e Argentina, estava destinado a artistas, políticos e seus acompanhantes, aí sim comecei a mostrar ao vivo o que estava acontecendo. Fiquei indignado".

O Estado de Minas Gerais possui uma emissora de TV, a TV Minas, e uma emissora de rádio tradicionalíssima, a Inconfidência.

Ambas foram proibidas de transmitir o jogo com a Argentina, somente feito pela Rede Globo de Televisão e pela Rádio Itatiaia de Belo Horizonte, o espaço das demais cabines lotado com a presença de convidados pelo governador e o seu grupo, no afã de demonstrar prestígio nacional. Quanto a Ricardo Teixeira, hoje ele anda complicado com escândalos mundiais envolvendo o mundo do futebol, e o que mais teme é a justiça dos EUA.

Antes de tal episódio, com características de trapalhada e sede de divulgação, o Palácio da Liberdade se esforçava a todo vapor em busca de publicidades fortes e anunciou um encontro entre o astro brasileiro Roberto Carlos e o tenor Luciano Pavarotti, inicialmente marcado para o mês de março e adiado para o dia 7 de outubro, em Belo Horizonte. Mas o Encontro dos Reis acabou não ocorrendo, devido a complicações de saúde e falecimento do italiano. Primeiro Pavarotti foi hospitalizado em Nova York, depois de passar mal durante suas férias em Barbados. E foram canceladas as turnês na América do Sul e Portugal.

A farta publicidade anterior adicionava a informação de que o show seria gratuito. Pavarotti, segundo o jornal O Globo, passou mal uma semana antes do espetáculo programado para o Brasil. Claro, houve quem suspeitasse de armações. As notícias partiam do Palácio e ninguém nunca viu contratos assinados. O tenor faleceu em 6 de setembro de 2007, aos 71 anos de idade, em Modena, na Itália, não de morte súbita, porém de doença insidiosa, o que aumentou as desconfianças. Doente, naquela idade, não seria impossível um show de tal natureza, mas pouquíssimo provável, embora Belo Horizonte seja a capital mineira onde grandes astros do *line up* só venham aqui, como dizem os produtores de eventos, *quando estão miando*. Porém há limites para tudo.

Em tempos de ouvidos de mercadores e silêncio sepulcral das mídias nacional e mineira, em 2008 o *Imponderável de Souza*, criado por mim inspirado no *Sobrenatural de Almeida* do Nelson Rodrigues, além da *Zebra* do ex-técnico de futebol Gentil Cardoso, do Botafogo do Rio de Janeiro, como é da natureza de tais seres que não têm dia ou hora para aparecer, o Imponderável, surgiu em um jogo no Estádio Magalhães Pinto, o *Mineirão*. Todo mundo sabia ser o então governador Aécio Neves um dependente de cocaína. Mas eram restritos os comentários. Entretanto, no dia 18 de junho de 2008 Imponderável de Souza irrompeu das arquibancadas da hoje Arena Mineirão quando de um outro jogo Brasil 0 x Argentina 0, válido pelas eliminatórias da Copa do Mundo a ser disputada na África do Sul, em 2010, quando a seleção espanhola foi a vencedora e os torcedores africanos *inventaram* o inferno sonoro das *vuvuzelas* para acompanhar o malabarismo dos craques e da *gorduchinha Jabulani*, a bola oficial do torneio. Irritados com o desempenho da Seleção Brasileira, os torcedores mineiros entoaram um coro bem incômodo para o governo:

– Ô Maradona, vá se foder! O Aécio cheira mais do que você!

Foi a primeira vez em que a situação de dependente de drogas por parte do governador Aécio Neves foi explicitada de público por parte de uma grande multidão, para desespero do narrador Galvão Bueno da Rede Globo de Televisão e assemelhados. Nessa Copa, o Brasil, jogando em Port Elizabeth, acabou sendo eliminado pela seleção da Holanda. Foi uma noite sofrida para quem assistiu ao jogo do Brasil no *Mineirão*. A torcida foi implacável também com o técnico *Dunga*. *Adeus, Dungaaa! Adeus, Dungaaaa!*, gritavam os torcedores nos últimos minutos do jogo. Aécio estava acompanhado da então sua namorada Letícia Weber. Nas cadeiras, bem confortáveis, saboreando *churrasquinhos de gato no palito*, água e refrigerante, estavam o ex-presidente e ministro do STF, Marco Aurélio Mello; o vice-presidente da República, José Alencar e o jogador Pelé.

O Novojornal noticiou o episódio.

No avanço pelo túnel do tempo, em 2017, não comendo *churrasquinhos de gato*, mas pairando no ar o aroma das boiadas e carnes finas da JBS do empresário Joesley Batista, o ministro Marco Aurélio Mello voltou a demonstrar o quanto pode estar próximo a Aécio tanto em ocasiões convenientes ou inconvenientes. Aliás, futuro pretérito, ele definiu Aécio como *um ótimo pai de família*.

Importante dizer, Aécio, formado na PUC-MG, parece não ter colegas e não se ver fotos de sua formatura. Seria ele um colega de Magalhães Pinto, que da mesma forma não tem colega de turmas?

DANILO VOLTA À CENA

Na última referência a Danilo, ele havia deixado furtivamente a cela do prisioneiro a ver nele a única oportunidade de diálogo, deixando para trás sem roer uma côdea de pão. Incomodado que fora por um guarda penitenciário a temer a própria sombra e, por ordem *dos homens*, não perder de vista as atividades do prisioneiro especial. Ao retornar, tinha uma tarefa dupla para afiar os seus dentes:

– Boa noite, amiguinho! Ontem o guarda assustou você. Eu vi quando ele entrou com a lanterna à meia altura, você se esgueirar por baixo e sair.

Danilo levantou as orelhas, olhos brilhantes e atentos, e deu início à tarefa de roer as côdeas de pão. Dessa vez, o guarda penitenciário não se incomodou. Em algum relatório deve ter informado aos seus superiores que o prisioneiro ou estava ficando doido ou delirando. Porém o que pode parecer não é uma crônica, um conto, uma novela ou romance de ficção. É algo tristemente real, pois não sou eu que tenho memórias do cárcere a narrar. É bom explicar de novo.

O prisioneiro passava quase todo o tempo deitado, com dificuldades de locomoção, derivadas de um acidente e recém-saído de um infarto do qual escapou quase por um milagre. Até disso ele falava ao grande rato preto de orelhas em pé a visitá-lo na solitária. Depois que foi transferido para ali, Danilo estava certo de ser brindado com uma côdea de pão. E nunca se decepcionou. O ratão foi uma espécie de terapia, quando ele temia ser transformado em personagem de outra obra literária famosa:

Recordações da Casa dos Mortos ou *Cadernos da Casa Morta* ou *Memórias da Casa dos Mortos*, um romance publicado em 1862 pelo autor russo Fiódor Dostoiévski, retratando a vida de condenados nas prisões da Sibéria. Em Minas Gerais daquele tempo, o clima variava entre o calor infernal e o gelo ártico.

Nessa época, o prisioneiro foi colocado no *coque*, um compartimento de castigo complementar dentro da punição, tendo ali ficado dias, no escuro, amargando a cela totalmente sem iluminação e dotada apenas do *boi* para poder atender as necessidades biológicas dos infelizes instalados naquele local. Por ali também passou o goleiro Bruno, ex-Flamengo do Rio de Janeiro, cumprindo pena acusado da morte da modelo Elisa Samúdio. Bruno brigava com facilidade e era quase freguês do *coque*. No caso do jornalista e publicitário Marco Aurélio Carone, de quem tomaram as muletas – consideradas armas – usadas para a locomoção do mesmo, não podendo ficar de pé ele tinha de empurrar com as mãos as próprias fezes para elas caírem no boi.

NOSTALGIA E PERPLEXIDADE

De outra vertente eu assistia, confesso, com uma ponta de nostalgia ao declínio dos jornais e revistas de todos os gêneros, enfim do que se convencionou chamar de mídia corporativa tradicional. Sou testemunha ocular da disseminação da telefonia celular dotada da internet que hoje todos, dos oito aos oitenta, possuem, e do avanço célere dos *blogs* e *sites*, sem contar a propagação inexorável das redes sociais. Os mais apegados ao tradicionalismo quando eu dizia das modificações surgindo me viam quase como se eu, em meus tempos de criança como já disse, estivesse falando das aventuras do herói espacial em quadrinhos Buck Rogers, menosprezando o futuro já ter se transformado em presente.

Quando cheguei ao Novojornal, a visualização dos *posts* variava de 500 a 1000 visitas diárias, subindo em pouco tempo para 1800 a 2300 aproximadamente. A partir de determinado momento, na medida em que as notícias mais instigantes foram sendo postadas, começou a ocorrer uma progressão visível: cem mil, trezentos mil, oitocentos mil acessos diários de internautas ávidos por notícias. Parecia que, além desses números, o site não era levado em conta. Mas sabíamos, Minas Gerais vivia então um processo brutal de cooptação dos meios de comunicação de massa, interna e externamente, e Aécio Neves passou a ter todos os seus erros escondidos e as *virtudes inexistentes* cantadas em prosa e verso. Com mãos de ferro, Andrea Neves comandava o processo de censura. *O futuro presidente da República em nada podia ser atingido no tocante à sua imagem.*

A exemplo das *Actas Diurnas*, título do primeiro jornal conhecido do mundo, uma criação iniciativa do líder e general romano Júlio César em 69 A.C., através de painéis fixados nos muros das principais localidades do Império Romano, incluindo a residência do pontífice – cargo político-religioso então exercido pelos Césares – só era permitido falar bem do imperador. Talvez a gênese dos *outdoors* resida aí. Tinha como objetivo divulgar os principais acontecimentos da então República. Logicamente excluindo-se qualquer ponto negativo, o que nos autoriza a dizer que a censura tinha nascido junto com a comunicação de massa quase em formato de comentados *outdoors*. Todo esse conjunto histórico quebrado pelas estruturas de nuvem. Mas, igual a César, utilizadas por Andrea, muito mais para censurar do que visando a noticiar.

Um milhão de acessos diários, um milhão e duzentos mil, um milhão e quinhentos mil, um milhão e oitocentos mil acessos. Era difícil crer. E também impossível negar. Assuntos fortes sendo divulgados e sem respostas dos acusados, embora o direito a elas fosse oferecido espontaneamente. A ausência de respostas motivadas talvez em função das provas irrefutáveis postadas como elementos comprobatórios. Coisas comprometedoras para o Executivo, o Legislativo e o Judiciário. Afinal o Novojornal era uma exceção a confirmar a regra, mostrando ao público que Aecinho era um *bad boy* e não o *mocinho* que a dita grande mídia, refém dos cofres governamentais, queria impingir aos brasileiros.

Equivalente o site ao garoto indiscreto da fábula milenar apontando que o rei estava nu. Nesse ponto, a situação começou a se inverter, e Carone e o Novojornal.com.br começaram a incomodar o governo do Estado de Minas Gerais, mais precisamente a poderosa *primeira irmã jornalista e historiadora* Andrea Neves, responsável direta por todo o sistema de comunicação governamental. Aécio Neves em franca carreira aberta objetivando a presidência da República. Sinhá Andrea solenemente indiferente, exibindo músculos capazes de barrar até mesmo o futuro. Mesmo em tempos dos WikiLeackes de Julian Assange, acrescido de Edward Snowden, a ex-petista de carteirinha assim se comportava. Não via de fato ou ignorava as mudanças? Se viu, nunca admitiu crer; e quando o fez; executou manobras ao arrepio da Lei e de forma atabalhoada. E as emendas saíam piores do que os sonetos.

Se o ex-senador, ex-governador de Estado e ex-presidente da República Itamar Franco, após o *impeachment* de Fernando Collor de Melo, ao se transformar em primeiro mandatário do País o fez com correção, colocando o trem descarrilhado nos trilhos, como governador de Minas Gerais foi medíocre. O período foi envolto em manchetes picantes, face ao dom-juanismo do governador sempre preocupado em não ser taxado de *gay*, uma herança da campanha de 1986 contra o mesmo Newton Cardoso, nesse período de tempo o seu vice que bravamente ele defendia de qualquer acusação anterior. Brigou também com o jornal O Estado de Minas, e, por pouco não agrediu fisicamente, em certa ocasião, o repórter Eduardo Costa, da Rádio Itatiaia de Belo Horizonte, a quem pessoalmente telefonou no final do mesmo ano, convidando-o para uma confraternização natalina. De outra feita, interrompeu uma entrevista solicitando ao repórter Carlos Barroso, então do EM, telefonar para a redação do jornal – o que foi feito – e questionar a respeito de um noticiário que o envolvia, tarefa da mesma forma cumprida. Lógico, com desvantagem para Itamar.

Ele próprio, anteriormente vitimado no sambódromo do Rio de Janeiro, supremo mandatário brasileiro, quando, no carnaval de 1994, um fotógrafo flagrou a atriz e modelo Lilian Ramos, sem calcinha, ao lado dele, no que mais pareceu um exame ginecológico com um profissional da área usando o espéculo do que propriamente uma máquina fotográfica. Nesse caso, embora o que não faltem são as cenas de nudismo explícito no carnaval carioca, Itamar não tem tantas razões para reclamar da hipocrisia. No dia anterior à foto, eu estava na cidade de Campanha, no Sul de Minas Gerais. O Jornal Nacional da Rede Globo de TV exibira quase dois minutos de conversa telefônica entre a modelo e o presidente da República, ele falando da suíte presidencial do hotel onde se hospedava no Rio. Sem a aquiescência dele, isso nunca teria sido possível. Um cinegrafista jamais invadiria o local e gravaria o convite para o encontro no sambódromo.

Em Minas, Itamar dedicou muito de seu tempo a namorar belas oficiais da Polícia Militar a servir em seu gabinete. Nada demais um presidente da República, solteiro, namorar uma oficial PM. O que causava espécie é serem elas do seu Gabinete Militar e a serviço dele. Ostensivamente ele permitiu ser fotografado de mãos dadas nas ruas de Copacabana, namorando com a então muito jovem tenente Kenya, ele um cidadão de idade bem provecta.

Sem contar em outras linhas de frente colocar um carro de combate da PMMG, estacionado em frente ao Palácio da Liberdade, com *atiradores ninjas* a caráter ocupando postos estratégicos porque o ex-ministro e então secretário da Fazenda Alexandre Dupeyrat Martins lhe informara que o ex-presidente Fernando Henrique

Cardoso *iria invadir Minas Gerais*. Além do mais, vestiu farda da Polícia Militar e se deslocou com as tropas mobilizadas para a região de Furnas para participar de exercícios táticos para intimidar FHC a não privatizar Furnas. Contudo, o resumo da ópera mostrou, via mídias corporativas, o mesmo Itamar quase aos beijos com Fernando Henrique Cardoso, buscando recursos financeiros para não sair do Palácio da Liberdade e deixando o funcionalismo com um mês de pagamento atrasado, somado ao 13º salário.

Retornando ao *lait motiv*, a visão mineira e nacional quanto ao Novojornal ia, a passos de tartaruga, deixando o ralentado e mudando para o *alegro molto vivace*.

UMA REVIRAVOLTA

Se Nelson Rodrigues fala do *Sobrenatural de Almeida*, eu do *Imponderável de Souza*, e Gentil Cardoso da *Zebra* inventada pelo técnico, que não têm lugar ou hora certa para aparecer, o passar do tempo remasterizou o crime do San Francisco Flat. A modelo Cristiane Aparecida Ferreira de fato ingerira veneno, porém forçada, depois de ser estrangulada com uma peça de pano, lutando desesperadamente para não morrer. A farsa demorou um pouco, mas a casa caiu. Um novo laudo veio provar um assassinato. Crime com o acobertamento de vários poderosos de plantão, ainda no governo Itamar, aqui sendo forçoso recorrermos de novo ao *flashback*. O primeiro laudo, que atestava *suicídio*, revelou-se peça de ficção. Os médicos legistas responsáveis pelo documento, Remar dos Santos e Tyrone Abud Belmak, não se pronunciaram. Coube ao Ministério Público investigar quem montou a farsa. O MP teve de enviar à polícia diversos ofícios pedindo a apuração do caso.

– Requisitamos várias diligências, mas elas nunca foram feitas – narrou o promotor Luís Carlos Martins Costa.

Detalhe a ser observado. Quando a polícia encaminha cadáveres para o Instituto de Medicina Legal (IML), tem de preencher fichas pedindo vários tipos de exames – bastando marcar um x em cada um deles, inclusive indícios de agressão física e violência sexual. O corpo de Cristiane foi encontrado na cama apenas de sutiã, sem calcinha e com vários hematomas. Mas os investigadores solicitaram só exame toxicológico, anotando ao lado: *Suspeita de suicídio*. No cenário, nada sugeria isso. Vidro de raticida, seringa ou bilhete de despedida. O boletim de ocorrência foi lavrado em 6 de agosto. Somente em 11 de dezembro de 2000, quatro meses depois, foi instaurado inquérito policial a passar por muitos delegados e trapalhadas. O ex-namorado, empresário Luiz Fernando Novaes, foi preso e solto por falta de provas. A conclusão final foi, de novo, autoextermínio. O Ministério Público investigou sozinho, colheu 41 depoimentos e pediu a exumação do cadáver.

Outro ex-namorado da moça, Reinaldo Pacífico, um teólogo contra quem Cristiana já registrara um boletim de ocorrência por agressão, a perseguia. Ele ganhava a vida como detetive particular, mas se apresentava como juiz criminal. Lógico ter se tornado o principal suspeito depois de uma testemunha sob proteção federal ter *cuspido os feijões* ao admitir tê-lo escutado confessar o assassinato. Mas, Pacífico teria sido capaz de agir sozinho na etapa seguinte do crime? A de embaralhar pistas, transformar sinais de um assassinato brutal em suicídio?

Isso exige a cumplicidade de policiais, boa vontade da cúpula da máquina de segurança de Minas Gerais, fatos pouco acessíveis a um detetive particular. Mais, entre outros papéis, sumiu o depoimento de um dos irmãos da vítima, Cláudio Ferreira, que havia dado a lista de todas as pessoas importantes com as quais Cristiana teria se relacionado. No tempo das turbulências do período, Marco Aurélio Carone morou no *flat* de janeiro de 2002 a janeiro de 2003 e conversou com todos os funcionários e ex-funcionários, levantando dados que futuramente foram traduzidos em reportagem. Como não ser assim, os fatos ocorrendo diante do olhar perscrutador de um jornalista?

Cristiane Aparecida Ferreira parece de fato ter sonhado com o estrelato das *top models*, mas acabou se envolvendo com políticos importantes e se deu mal por suas ações. Não se sabe bem se com a anuência dela ou não, a menina acabou se transformando em *mula*, não para o transporte de drogas, como é relativamente fácil ocorrer. As sendas que o destino escreveu para ela foram bem mais ousadas e de peso. Além de satisfazer os apetites sexuais de políticos do porte do ex-presidente Itamar Franco, na ocasião governador de Minas Gerais, tendo como vice Newton Cardoso, que antes fora governador, o secretário de então da Casa Civil, Henrique Hargreaves, o presidente da Centrais Energéticas de Minas Gerais – Cemig – Djalma Bastos de Moraes, e o primeiro ministro do Turismo do primeiro governo do ex-presidente Luís Inácio Lula da Silva, Walfrido dos Mares Guia, ela acabou tendo funções mais pesadas e comprometedoras. Ser *mula* para o transporte de dinheiro do Mensalão Tucano Mineiro. Na internet é fácil encontrar citações de *ménage à trois* envolvendo Newton Cardoso, Djalma de Moraes e ela.

A Justiça veio marcar a realização de um júri popular como tantos outros que corriqueiramente são registrados. No entanto, esse júri nada tinha de comum. Bem ao estilo do governo então vigente em Minas Gerais, os jurados iriam deparar com estórias *cabulosas* de corrupção, sexo e drogas, sendo deixado de lado o *rock and roll*.

A história de uma menina pobre e bonita, ambiciosa por ascensão social, e que viu em seus atributos físicos o caminho mais curto para atender seus objetivos, o que até poderia ter conseguido não fosse sua ambição ter tomado outros rumos para muito além da sensualidade. Não é meu propósito escrever um livro do gênero policial recheado de detalhes mórbidos e picantes. Por isso, o texto é necessário apenas para estabelecer uma linha de conexão. O empresário Reinaldo Pacífico foi condenado pelo assassinato da moça em júri popular em 2009. A sessão foi aberta às 13h25 do dia 09/01, no I Tribunal do Júri do Fórum Lafayette. Todas as dúvidas foram sanadas então.

Cobri esse rumoroso júri para o Novojornal. Desmoronada a versão do suicídio pelo promotor Francisco Santiago, partiram ele e assistentes para saber quem tentava abafar a questão. O advogado Dino Miraglia era forte como assistente de acusação no caso. Restava saber quem tentava obstruir o trabalho da promotoria. Cristiane morreu em agosto de 2000 e só dois anos e meio depois é que foi oficialmente divulgada a verdade. Esganadura com um travesseiro ou um lençol enrolado. Ainda semiviva, ela foi forçada a ingerir um tipo de raticida, porém o copo se quebrou e um dos lábios de sua boca ficou ferido. Agredida, as marcas da violência ficaram registradas como mudas testemunhas em seu corpo.

Para a nova conclusão, foi preciso fotos dela, exumar o cadáver e uma necrópsia. O MP entendeu as autoridades terem sido relapsas, além do desaparecimento do depoimento de um dos irmãos da vítima, Cláudio Ferreira, fornecedor da lista dos *vips* a se relacionar com a irmã dele. Um delegado o chamou para negar a validade do documento e aconselhar a não citar nomes. Em meio às famosidades, Jairo Magalhães Costa, diretor do Banco Real foi o único a admitir ter tido *um cacho* com a menina. Estaria tudo bem se a irmã de Cristiana, Simone Ferreira não tivesse testemunhado dizendo ela estar se encontrando com Djalma Moraes, presidente da Cemig, apresentado por Henrique Hargreaves. E uma outra amiga da moça comentar pelo menos um caso com o ex-governador Newton Cardoso, o que foi confirmado por um dos irmãos dela no dia do júri, ao conversar com repórteres entre os quais eu me encontrava. Negado por ele.

Outros parentes apontaram: ela se envolvia com o ex-ministro Mares Guia. Restou apurar a razão do primeiro laudo: ausência de lesões externas macroscopicamente visíveis num cadáver com três fraturas e vários hematomas. Erro grosseiro e comum em tempos de desvio de dinheiro, sexo, droga e, felizmente, deixando de fora o *rock and roll*, como já disse. Na época era secretário de estado da Segurança Pública o deputado Federal Mauro Lopes, do PMDB, futuro pretérito um golpista que abandonou três dias antes o ministério que ocupava – Aviação Civil – no segundo governo de Dilma Rousseff para votar a favor do *impeachment* que veio a ocorrer. Antes de sair, ele teve um encontro no Palácio do Jaburu com o então vice-presidente Michel Temer, posteriormente *O Usurpador*. Mauro é pai do então presidente da Assembleia Legislativa de Minas Gerais, Adalclever Lopes.

A sessão do Júri foi presidida pelo juiz Carlos Henrique Perpétuo Braga, e o promotor Francisco de Assis Santiago representou o Ministério Público. Como auxiliares de acusação, atuaram os advogados Dino Miraglia Filho e Felipe Daniel Amorim Machado. A defesa ficou a cargo dos advogados Eunice Batista da Rocha Filha e Fernando Antônio Santos de Santana. Desconstruída a tese de suicídio, o Júri Popular terminou às três da madrugada de sábado, 10/01, com Reinaldo Pacífico de Oliveira Filho, acusado de matar a ex-modelo, condenado a 14 anos de prisão. A sessão fora aberta às 13h25 do dia 09/01. O Conselho de Sentença decidiu pela culpa do acusado. Ele foi condenado nos delitos constantes do artigo 121, §2°, incisos I e III do Código Penal, homicídio cometido por motivo torpe e asfixia. Tendo ele concorrido também para o envenenamento da vítima. O juiz presidente do I Tribunal do Júri de Belo Horizonte, Carlos Henrique Perpétuo Braga, determinou o cumprimento da pena inicialmente em regime fechado. Tendo em vista ser réu primário, ter bons antecedentes e ter aguardado em liberdade o desdobramento do processo, o magistrado lhe concedeu a prerrogativa de aguardar a interposição de recurso também fora das grades. O plenário esteve lotado durante toda a tarde. Cerca de trezentas pessoas compareceram para acompanhar o julgamento. Às três da madrugada, quase quatorze horas após o início da sessão, aproximadamente 50 pessoas, entre jornalistas, parentes do réu e da vítima e o público em geral, ainda aguardavam a decisão do Conselho de Sentença.

Foram ouvidas oito testemunhas, três de acusação e cinco de defesa. A primeira testemunha, supervisora das camareiras do *flat*, afirmou que encontrou a modelo morta, no domingo, dia 6 de agosto, pela manhã. Ela disse que a garota tinha o costume de entrar no *flat* na quinta-feira e sair na sexta. Estranhando o fato, pois já era domingo e Cristiane ainda estava hospedada, tentou ligar para o apartamento e bater à porta, sem obter resultado. Decidiu abrir a porta, mas descobriu que o *pega-ladrão* bloqueava o acesso. Já suspeitando da morte da modelo, acionou a gerente do *flat*, que pediu a um profissional que o *pega-ladrão* fosse serrado. Ao entrar, foi confirmada a desconfiança e a polícia acionada.

A segunda testemunha disse que Reinaldo confessou a ele ter matado a modelo por ciúmes. Disse, Reinaldo contou, que *Cristiane estava trabalhando transportando dinheiro de políticos de Brasília para Belo Horizonte*. Verdade, o ex-presidente da República, Jânio Quadros, em idos distantes, disse ser o Brasil *um País estranho onde traficantes tornam-se viciados, cafetões têm ciúmes e prostitutas igualmente têm orgasmo*, porém como já foi observado em outro parágrafo deste livro, para tudo existe um limite, notadamente para os olhares argutos dos policiais e mentes atentas de promotores empenhados. Existem pessoas que preferem atribuir o dito ao cantor Tim Maia, mas ponho mais fé em Jânio Quadros.

A terceira testemunha, filho da segunda testemunha, disse que ouviu trechos de conversa entre seu pai e o acusado, em que o mesmo falou que havia matado Cristiana. O ex-governador Newton Cardoso, a quarta testemunha ouvida no Plenário do I Tribunal do Júri, afirmou não poder ajudar por não conhecer Reinaldo e ter visto a modelo somente uma vez no Palácio da Liberdade. *Itamar Franco é quem ficava dando beijinhos nela*. Porém, o *flat* onde a moça morreu a ele pertencia. O depoimento de Newton causou *frisson* entre os jornalistas. Principalmente as afirmações do ex-cunhado, irmão da indigitada modelo.

Para o delegado que concluiu as investigações na época, a quinta testemunha interrogada disse não existir crime, foi autoextermínio. Ele declarou não haver lesão indicativa de agressão e nem indícios de que Cristiane transportava dinheiro para políticos. Quanto a Reinaldo estar sendo acusado do crime, ele disse até aquele momento ninguém perguntar como o acusado entrou ou saiu do quarto, uma vez que não foi encontrado qualquer vestígio de entrada e saída de alguém. Segundo ele, ninguém é capaz de demonstrar tecnicamente que ocorreu ali um homicídio. Um médico perito foi a sexta testemunha. Ele examinou os restos mortais de Cristiana em exumação feita dois anos depois, em dezembro de 2002. A sua conclusão foi de que a morte se deu por intoxicação com veneno. A sétima testemunha foi um homem com quem Cristiana manteve um relacionamento de maio a dezembro de 1999. Ele confirmou a declaração do Ministério Público de que Cristiana já havia tentado suicídio em duas ocasiões. Segundo a última testemunha, o médico legista que realizou a necropsia, a morte se deu por intoxicação via consumo de pesticida. Por não ser sua atribuição, alegou que não pôde tecer conjecturas se a ingestão do veneno foi espontânea ou não.

O teólogo Pacífico, ao ser inquirido pelo meritíssimo juiz, negou ter matado Cristiana. *A verdade absoluta é que eu não tirei a vida de Cristiana; tinha por ela afeto, carinho e consideração,* afirmou. Ele confirmou o relacionamento que durou mais ou menos um ano, a partir de 1996, e que na época da morte dela, já não tinham *nenhum tipo de envolvimento amoroso.* Ele afirmou que os depoimentos do dono do estacionamento e do filho, que o acusaram de matar a ex-namorada, *são falsos.* Declarou ainda *nunca ter estado no flat.*

Contradizendo o depoimento do médico perito, o promotor Francisco de Assis Santiago apontou outros laudos em que há diagnóstico de asfixia mecânica, fratura e luxação, acreditando em pessoas interessadas no arquivamento do inquérito com a conclusão de suicídio que ele rechaçou, relembrando os sonhos da modelo *em progredir na vida e montar uma grife.* Segundo ele, o copo quebrado encontrado no apartamento é sinal de que a vítima foi obrigada a ingerir o veneno restante em seu estômago. O assistente de acusação, Dino Miraglia Filho, afirmou que *forças ocultas atuaram na investigação,* insistindo na *queima de arquivo.* E. pediu aplicação de multa para o ex-ministro Walfrido Mares Guia, que não compareceu para depor, viajando aos Estados Unidos. A defesa, embora tentasse, não conseguiu convencer. A ausência de Walfrido dos Mares Guia suscitou comentários entre os jornalistas, porém sem causar *frisson.*

Reinaldo Pacífico saiu do fórum condenado, mas até agora não cumpriu um dia sequer dos 14 anos a que foi condenado. E uma pergunta continua pairando no ar relativamente à questão de mando. Para o assistente de acusação Dino Miraglia, a tese da morte da modelo pode mesmo ter sido queima de arquivo. O mesmo para o Novojornal, que revelou ser isso, com base nas acusações de Dino e de resto as mesmas do promotor Francisco Santiago: a moça ter se transformado em *mula* para o transporte do dinheiro do Mensalão Tucano Mineiro. Muita coisa então foi compreendida, mas não solucionada.

Até o momento em que redigíamos este livro, o caso se encontra sem solução. E o advogado Miraglia mudou-se para o Estado do Espírito Santo para fugir às muitas perseguições das quais foi vítima. Pode ser que no atual estágio da vida institucional brasileira, isso volte à tona. Sem contar que muitos, reservadamente, falam da presença de uma estranha mulher no local do crime.

SILÊNCIO SEPUCRAL

O Novojornal ia aumentando o tônus das denúncias seríssimas e comprovadas com a exibição de cópias de documentos cartoriais autênticos a que o governo fazia vistas grossas e ouvidos moucos ou tentava desclassificar como se fossem falsos. De forma exponencial, ia aumentando o número de *views*. Mas continuava sepulcral o silêncio da mídia nacional e mineira, tanto a eletrônica quanto a impressa, e dos políticos de todos os quadrantes, exceções feitas aos deputados estaduais Rogério Correia (PT/MG) e Sávio de Souza Cruz (PMDB/MG).

Nós já sabíamos que éramos condenados, pelo simples fato de fazer o que a profissão requer de um jornalista, principalmente repórteres investigativos: jornalismo. Ao mesmo tempo, foi formulada a Teoria da Falsificação. Os varais de PDFs postados como peças comprobatórias das irregularidades denunciadas *eram falsos*. Qual a razão? Evitar, a exemplo do caso da moça assassinada, sua verdadeira identidade como transportadora de valores do mensalão? Quando não foi mais possível ignorar essa verdade, a sentença de morte dela foi assinada. E esconder outros escândalos notórios hoje mundialmente conhecidos, inclusive o Mensalão Tucano Mineiro, a Lista de Furnas, o contrabando internacional de nióbio, as ligações com o tráfico internacional de drogas, o

Aeroporto de Cláudio, a Cidade Administrativa, enfim, um conjunto robusto de irregularidades a marcar a história do Brasil e de Minas Gerais, com repercussões internacionais.

O Novojornal.com.br começava a incomodar em grau de relevância o governo de Aécio Neves com a sua existência e, principalmente, a linha editorial adotada e a impossibilidade de eles responderem as denúncias devido à farta documentação comprobatória. Como questionar documentos cartoriais oficiais postados através de PDFs? Como suportar, em meio a uma estrondosa sinfonia de silêncio, uma dissonante nota aguda a dizer sem que ninguém houvesse perguntado, a exemplo do garoto curioso, que o rei estava nu? Como ignorar um democrático direito de resposta espontaneamente oferecido? Por isso, os encontros periódicos e sigilosos entre Marco Aurélio Carone e Andrea Neves resultavam em emissões de sinais cada vez mais fortes contra o jornal.

As evidências materiais do incômodo surgiram quando os primeiros *frames* com as publicidades colocadas pelo Google, mediante o crescimento do número de *views*, começou a desaparecer das páginas do site, sendo apurado que isso se devia às pressões do Palácio da Liberdade e, na última fase desse processo, da Cidade Administrativa. Claramente uma tentativa de sufoco econômico. Porém, o interesse jornalístico sobrepujava as pressões e os *posts* somente faziam aumentar o número de pessoas interessadas.

Posteriormente, com o aumento do tônus das denúncias sempre seguidas dos respectivos PDFs comprobatórios das irregularidades apontadas, surgiu uma segunda etapa visando desqualificar o Novojornal. Houve a intensificação da defesa segundo a qual as provas *eram falsas* e o aumento de telefonemas da senhora Andrea Neves da Cunha, responsável por cuidar das relações da mídia mineira e brasileira no tocante ao Projeto Aécio Neves presidente da República. Os telefonemas eram dados diretamente para o jornalista e publicitário Marco Aurélio Carone em forma de convites pessoais para que o mesmo participasse de encontros liderados por ela em locais secretos. A princípio, a natureza do relacionamento do proprietário do site com Andrea pode parecer uma contradição. Porém o leitor irá entender o processo em parágrafos mais à frente, quando narraremos a gênese do Novojornal e o verdadeiro papel de Andrea em tal questão. Segundo Marco Aurélio, ela chegou a indagar ao mesmo *por que eu não gostava dela*. Uma falsa premissa, pois pessoalmente nada tenho contra quem quer que seja. Noticiava os fatos pelo simples fato de ser jornalista, e não ser os profissionais de imprensa que criam os episódios e os personagens da história, sejam de que nível for. Nós os jornalistas é que somos apresentados pela história aos seus fatos e personagens. Então ocorreu o momento em que fiquei sabendo de tais encontros sigilosos.

Mas o primeiro entrevero de caráter mais sério surgiu quando Marco Aurélio Carone denunciou que o ex-presidente da Federação Mineira da Indústria (FIEMG) Robson Andrade, hoje presidente da Confederação Nacional da Indústria (CNI), estava formando um *caixa* para eleger Márcio Lacerda prefeito de Belo Horizonte. Uma aliança inexplicável entre Aécio Neves e o então Prefeito de Belo Horizonte, Fernando Pimentel, em futuro pretérito se elegendo o Governador de Minas, derrotando o pedessista Pimenta da Veiga, apelidado *Turista da Veiga* face ao seu longo período distante da capital Belo Horizonte. Com o passar do tempo, foram sendo reveladas raízes mais profundas.

No Brasil inteiro, o PT trocava farpas com o PSDB. Nas vozes de uns e outros, ambos o diabo feito gente, os futuros *petralhas* acusando os igualmente futuros *coxinhas* de responsáveis diretos pela perda da nacionalidade e desfiguração das políticas de bem-estar social.

Mas nem isso impediu que as duas facções ideologicamente contrárias, em passado próximo, viessem a se unir em uma estranha tese que passou a ser chamada de *Lulécio*. A inexplicável união de forças antagônicas entre Lula e Aécio Neves, de acordo com muitas fontes, patrocinada por Walfrido dos Mares Guia, provocando uma revoada de votos tucanos mineiros para Lula. Lógico, ao longo de minha vida presenciei a união de siglas rivais em determinados momentos, porém apesar das diferenças alfabéticas de cada sigla, no fundo os questionamentos eram mínimos, sem caracterizar profundas diferenças ideológicas. Isso foi o que acabou acontecendo como um prenúncio de mau agouro para o futuro a resultar em *salames* e *coxas*, desencadeando uma luta de classes nunca vista no Brasil, ódios racistas e homofóbicos e até mesmo veementes pedidos de retorno à ditadura militar, num quadro totalmente diverso dos idos de 64.

Observemos fenômenos políticos ligados ao passado. Assim se analisa corretamente a história, podendo com mais segurança projetar o futuro. Corria o ano da graça de 2002. Lula foi eleito presidente brasileiro, e Aécio Neves governador de Minas. Lula ficou no Poder de 1º de janeiro de 2003 a 31 de dezembro de 2010. E Aécio Neves à frente dos palácios da Liberdade e Tiradentes de 1º de janeiro de 2003 a 31 de março de 2010.

O discurso da campanha petista de que a reeleição do presidente Luiz Inácio Lula da Silva (PT) era a melhor opção para concretizar os planos do governador Aécio Neves (PSDB) de disputar a Presidência da República em 2010 ganhou muitos adeptos a justificar o *Lulécio*. No mínimo algo estranho, pois Lula teria de indicar um cabeça de chapa petista. Na ocasião ganhou o apoio de prefeitos filiados ao PSDB, PFL e outros partidos integrantes da base do governo Aécio a defender a mesma teoria. De novo o ex-ministro Walfrido dos Mares Guia é apontado como o grande articulador.

Quando chegou a vez da presidenta legitimamente eleita Dilma Rousseff disputar a Presidência, a estranha formula só trocou de nome, pois o candidato em Minas era Antonio Anastasia, passando a tese a se chamar *Dilmasia*, também uma criação de Walfrido, quando Dilma ainda era pré-candidata. Ela própria, vindo a Belo Horizonte achou complicado o nome *Dilmazia*, e, em entrevista à Rádio Itatiaia de Belo Horizonte, aprovou a repetição da fórmula sugerindo uma mudança para *Anastadilma*. No Google encontra-se facilmente isso publicado em 07 de abril de 2010, com o jornal O Globo repercutindo o assunto abordado.

– Espero que a gente aqui em Minas Gerais tenha a melhor relação possível. A gente não escolhe a forma pela qual o povo monta as alianças. É possível que ocorra. Como houve o Lulécio, é possível que haja a Dilmasia. Eu acho até melhor a inversão, né? Dilmasia é meio esquisito. Anastadilma, qualquer coisa assim – disse ela na entrevista (*sic*).

Nenhuma mãe Dináh foi capaz de prever o futuro que tais uniões atípicas revelariam. E vale a pena indagar: é o povo ou são as lideranças que montam as alianças, principalmente num País politicamente atrasado como o Brasil?

Na mesma linha do plano de análise, vamos ver que por ocasião das eleições municipais de 2008, em Belo Horizonte, Márcio Lacerda, com maciço apoio do PT, então com altos níveis de aprovação em Belo Horizonte, tornou-se o 51° prefeito da capital dos mineiros. O seu vice foi o ex-deputado estadual Roberto de Carvalho (PT/MG) que, ao final, sendo preterido como vice para dar lugar ao também deputado estadual Délio Malheiros na eleição seguinte, fez pesadas autocríticas e, a exemplo dos profetas hebreus, lançou *sombrias previsões* sobre o futuro, o que terminou por acontecer. Isso me leva racionalmente a indagar o porquê das razões de tanto ódio entre *petralhas* e *tucanos*, se ao longo de um vasto período *coxinhas* e *mortadelas* conviveram tão bem? Em todos os aspectos. Oportunismo de ocasião? Negócios à parte, amigos, amigos? O inverso do enunciado? Manutenção de empregos? Não querer abrir mão do Poder custe o que custar, doa a quem doer? Sofismas não me satisfazem e não demorou muito para o tempo provar a assertiva das minhas convicções. Por mais explicações que me sejam dadas.

Nascido em Leopoldina, Minas Gerais, Zona da Mata Mineira, Márcio Lacerda é sobrinho-neto do jornalista e político carioca Carlos Lacerda, um dos articuladores do golpe civil militar de 64. Em 1969, durante o momento mais crítico da ditadura civil militar, ele foi preso por militar no PCB e na ALN, o que mais tarde viria a definir como *devaneios da juventude*. Era conhecido pelos codinomes de *Humberto* e *Gringo*. Foi baleado por fogo amigo num assalto a uma pequena mercearia – São Vicente – em Belo Horizonte. Esteve preso no presídio de Linhares em Juiz de Fora no mesmo período em que Fernando Pimentel e que o seu grupo, a ALN, era conhecido pela prática de *assaltos para a arrecadação de fundos para o movimento da luta armada. Porém o Gringo, no desenrolar da vida transformou-se em industrial bem-sucedido e acumulou exuberante fortuna. Pior, esqueceu ideologias e critérios referentes a caráter.*

Em 1994, Lacerda colaborou com R$250.000,00 (equivalente hoje a R$ 1.287.513,91 em valores corrigidos (talvez mais) para a campanha de Fernando Henrique Cardoso. Com a virtual inatividade de suas atividades empresariais, Lacerda começou, a partir de 2001, a dedicar-se a cargos na *Fiemg*. Para todos os envolvidos nas estranhas alianças, o noticiário do Novojornal mencionado acima *não carecia de fundamentos*. Em 2002, Lacerda atuou como tesoureiro da campanha presidencial de Ciro Gomes. Na ocasião, teria chegado a doar cerca de R$950.000,00 para a campanha de Ciro. Nessa época estreitou seus laços políticos. Com a vitória de Lula nas urnas, Ciro Gomes assumiu a pasta do Ministério da Integração Nacional, e Lacerda, como resultado de seu apoio político, foi nomeado Secretário Executivo do Ministério. Mas quando estourou o escândalo do mensalão, o nome dele apareceu em uma lista de beneficiados por depósitos da empresa SMP&B de Marcos Valério. Os dois depósitos totalizariam R$457.000,00. Lacerda se exonera do cargo e presta esclarecimentos em todas as instâncias que apuravam o caso. Ao fim, acatando as alegações do ex-secretário de que teria servido apenas como intermediário no contato entre o tesoureiro do PT, Delúbio Soares e Marcos Valério o Ministério Público desiste de oferecer denúncia contra Márcio. Ficou demonstrado que o dinheiro fora destinado à agência New Trade, pelos serviços prestados no segundo turno da campanha presidencial de 2002 do presidente Lula.

Em 2007, Márcio Lacerda foi convidado por Aécio Neves para comandar a Secretaria de Desenvolvimento Econômico de Minas Gerais. No mesmo ano, Lacerda foi eleito presidente do Conselho de Administração da Cemig e também eleito para o conselho do Instituto de Desenvolvimento Integrado de Minas Gerais – INDI – e para o Conselho Estadual de Geologia e Mineração – CEGEM. Foi também vice-presidente do Conselho de Administração do Banco de Desenvolvimento de Minas Gerais – BDMG – e membro atuante do Conselho Deliberativo de Desenvolvimento Metropolitano e do

Conselho de Administração da Companhia de Desenvolvimento Econômico de Minas Gerais – CODEMIG.

Inserindo outro *flashback*. Aécio Neves começou a articular a candidatura dele ainda em 2007. O primeiro passo foi sugerir a filiação de Lacerda ao PSB, legenda mais neutra, que poderia, na visão do então governador, aliar-se tanto ao PT como ao PSDB. Lacerda teria se filiado, segundo ele mesmo declararia em 2008, *sem saber a razão do pedido*. O então governador tinha em mente, na época, sua possível candidatura à Presidência da República em 2010, em torno da qual pretendia reunir o maior número possível de legendas. Belo Horizonte seria um *laboratório* para a estratégia de Aécio. As articulações comandadas pelo próprio ex-governador e pelo então prefeito de Belo Horizonte, Fernando Pimentel. Lacerda foi o candidato com maior patrimônio declarado – 55 milhões de reais.

Certa vez encontrei Pimentel já na condição de ex-prefeito de *Beagá* na Cafeteria Kalua, centro de Belo Horizonte, e indaguei as razões pelas quais ele e Aécio haviam acordado em eleger Márcio Lacerda o sucessor no processo da disputa da prefeitura de Belô, sendo que a administração petista tinha ótimos índices de aprovação popular. A resposta foi a seguinte:

– Nem eu nem o Aécio tínhamos nomes para lançar e vencer. Então acordamos que a solução seria Márcio Lacerda.

Como a resposta não me satisfez, indaguei a ele, depois de afirmar entender a preocupação com o quadro petista, apesar da existência do nome exponencial de Patrus Ananias, por que o mesmo estava a assumir também as preocupações do quadro adversário. Antes de ouvir a resposta, chegou um amigo dele, os dois se cumprimentaram, ele pediu licença e se afastou. Até hoje aguardo a resposta.

Um ponto precisa ser dito. Márcio Lacerda trabalhou na Fiemg, onde trabalha hoje o ex-governador de Minas o *tucano* Eduardo Azeredo, para quem o ex-PGR Rodrigo Janote requereu mais de 20 anos de prisão. E trabalharam prestando serviços eventuais à mesma Fiemg os petistas Fernando Pimentel e o ex-ministro Patrus Ananias, fatos noticiados até pela grande mídia. Patrus chegou a ir mais além e trabalhou para a Fiesp *do pato amarelo*.

Entretanto, a situação mais complicada envolvendo Márcio Lacerda diz respeito às suas atividades no âmbito das Centrais Energéticas de Minas Gerais – Cemig – tendo sido ele o articulador do descruzamento de ações então pertencentes a Andrade Gutierrez/Grupo Jereissati, em que eram sócios. Ao ocorrer o descruzamento das ações, a Gutierrez preferiu ficar com a Cemig, embora não tenha efetuado o devido pagamento ao BNDS, mesmo recebendo os valores das debêntures. Nasceu aí o imbróglio da OI operadora de telefonia, do Grupo Jereissati, ligado ao banqueiro condenado Daniel Dantas – manobras que resultaram em benefícios para o empresário Jereissati e, logicamente, para Dantas. Hoje a Cemig não pertence mais à Andrade Gutierrez, porém continua recebedora dos bônus e inadimplente com o BNDS. Ainda de Márcio Lacerda, em conluio com o ex-Ministro Walfrido dos Mares Guias, também se diz em círculos fechados terem os mesmos se apossado de um projeto desenvolvido pela Universidade Federal de Minas Gerais – UFMG – denominado Acauã – site de busca – posteriormente repassado a grupos estrangeiros, transformando-se em um gigante da área. Isso num momento em que desde o prosaico pão de queijo, uma iguaria da típica culinária mineira, teve a sua principal marca vendida a um grupo israelense, passando pela produção da insulina, medicação fundamental para o tratamento do diabetes.

Um dado histórico pouco conhecido, o cientista e pesquisador Marcos dos Mares Guia desenvolveu, com dinheiro do Estado Maior das Forças Armadas – EMFA – um método de produção da insulina mista com a utilização do pâncreas de porco, a partir daí evoluindo para o pâncreas de boi até chegar à insulina sintética com um custo bastante acessível às classes menos favorecidas economicamente. O Laboratório Biobrás foi instalado na cidade de Montes Claros, norte de Minas Gerais. Passaram eles então a competir com a norte-americana Lilly e a dinamarquesa Nordirck. Na época, as únicas unidades mundiais a produzir o medicamento. Entretanto, o que não poderia ocorrer, visto a origem do financiamento, veio a se concretizar ao tempo do ex-presidente Fernando Henrique Cardoso, em seu afã de tudo desnacionalizar. Os Mares Guia venderam a patente para os empresários dinamarqueses que mudaram a razão social da empresa para Novo Nordirsck. Outro prejuízo contabilizado para o povo brasileiro.

O período de sufoco econômico estava a se esgotar e se aproximava velozmente o tempo das violências institucionais e físicas contra o Novojornal.

TEORIA DA FALSIDADE

Continuemos nossas reflexões. Na verdade, o Brasil nunca foi independente, nem depois do Grito do Ipiranga, quando herdamos as contas dos portugueses para com os ingleses, posteriormente transferidas aos EUA. A chegada ao Brasil de Percival Farquhar, nascido numa abastada família da Pensilvânia e que completou seus estudos em Engenharia na Universidade de Yale, um dos centros da elite estadunidense, somente deu sequência a um projeto de denominação possível com a colaboração de testas de ferro e políticos sem nenhum sentido patriótico.

Tal ciclo determinou uma dependência que a custo vem sendo quebrada em períodos esparsos, notadamente Getúlio Vargas, Brizola e Jango antes de 1964, o general Ernesto Geisel ao tempo dos governos militares, Lula e principalmente Dilma Rousseff, pós redemocratização, sempre gerando problemas institucionais e *arreglos* visando manter as aparências. Apesar das divergências históricas, os militares e esquerdistas são os maiores patrocinadores do nacionalismo e responsáveis por não sermos uma colônia descarada, gerando inclusive preocupação para as matrizes. Noves fora falsos esquerdistas que ao longo do tempo se revelaram os mais perfeitos exemplares de entreguistas, podendo ser a logo do crime de lesa-pátria a efígie de Fernando Henrique

Cardoso, muito mais prático do que as teorias de Roberto Campos, o *Bob Fields*. Se o último foi a lanterna de proa, FHC foi o capitão de longo curso, o timoneiro, o marujo e o estivador.

Talvez daí tenha surgido a hipótese de se encontrar um líder de massa capaz de aparar as arestas e evitar confrontos danosos em termos de organização social. Seria a explicação do fenômeno Lula? Independente disso, ao longo dos tempos, com a voracidade de outras nações em relação às riquezas naturais do Brasil, e com a colaboração de contumazes testas de ferro, excetuando-se a grande massa dos contingentes das Forças Armadas Brasileiras, nacionalistas por excelência, nacionalistas sem rótulos e o campo das esquerdas verdadeiras, o processo continua. É bom frisar que nada substitui a democracia. Mas ela não implica em presidentes democratas entreguistas ou tomando o poder pelas armas.

Em ocasiões diversas, fala-se muito em Consensos de Washington, teorias da conspiração ou verdadeiros, o último deles referindo-se a um acordo firmado na capital norte-americana entre o ex-Presidente Fernando Henrique Cardoso e o ex-Presidente Lula, estabelecendo, segundo muitas informações, uma espécie de Rodízio de Poder entre o PT e o PSDB, no sentido da manutenção, se não do *status quo*, pelo menos de níveis toleráveis de avanços e de paz social, mas sempre com a dependência de Washington. Alguns anos passados, eu me encontrei no Mercado Distrital do Cruzeiro – no Bairro Anchieta, em Belo Horizonte, um aprazível logradouro de restaurantes, barzinhos e também lojas a vender flores, frutas, leguminosas e hortaliças – com o ex-deputado Edgar Amorim, ao tempo dos governos militares um dos mais atuantes a resistir a favor da redemocratização. Indaguei a ele sobre as mudanças de comportamento de FHC, já então o maior prócer do PSDB. O professor Amorim foi sincero e singelo em sua explicação:

– Me parece que ele chegou à conclusão da inviabilidade do Brasil como um grande País, diante das pressões de forças externas e passou a trabalhar com vistas a um alinhamento a Washington nas melhores condições possíveis para os brasileiros.

Claro, eu discordei da ideia argumentando sobre o futuro brasileiro e se isso não seria a capitulação plena, a aceitação da denúncia sempre formulada por nacionalistas do porte de Bauptista Vidal, general Andrada Serpa e do professor Osório da Rocha Diniz. Segundo eles, grupos estrangeiros querem o Brasil como uma colônia extrativa permanente e cativa de matérias primas já esgotadas ou prestes a se esgotar em outras nações do mundo. Hoje podendo ser adicionada a questão hídrica. E indaguei sobre o posicionamento das casernas. Ele balançou a cabeça e respondeu:

– Eles são nacionalistas e têm os projetos deles.

Entretanto, com a correlação mundial de forças alteradas, a China abandonando a condição de um Tigre de Papel, o xadrez internacional se complicou bastante e golpes ao estilo *banana republic* estão inviabilizados. Ao que tudo indica, as fardas se aposentaram desse mister dando lugar às togas e às formulações da ex-presidente do Conselho Nacional de Justiça (CNJ) ministra Eliana Calmon ao afirmar a existência de *bandidos de toga* e indagar qual o tipo de ética é ensinado em algumas Escolas de Direito.

Num *jump* ao futuro, o golpe de estado aplicado em 2016 – assumido como golpe mesmo por um dos seus autores, o governador de São Paulo, Geraldo Alckmin, o *Santo* da relação da Odebrecht, ao acusar outro comparsa da mesma delação premiada, o Mineirinho, Aécio Neves, com todas as letras taxado de golpista –

não deixa margens de dúvidas quanto à forma de ruptura da normalidade constitucional. Com um detalhe de suma importância: no golpe de 2016, a participação das Forças Armadas Brasileiras foi descartada exatamente por elas serem nacionalistas e representarem perigo para os planos futuros de um estado rentista responsável pela destruição dos estados nacionais. E em uma de suas raras manifestações, o comandante supremo do Exército Brasileiro, general de Exército Eduardo Dias Villas Bôas, manifestou, de forma enfática, os planos brasileiros de ser uma potência, o que absolutamente não envolve dependências, desnacionalização e muito menos colonialismo.

Entretanto, estávamos a falar do Novo Jornal e de suas dificuldades ao longo do seu percurso. De *jump* a *flashback*. Em 2003, por volta de 06 de junho, o Brasil estremeceu com a denúncia do deputado federal do PTB do Rio de Janeiro, Roberto Jeferson, apontando o que ficou convencionado chamar-se de Mensalão do PT – holofotes para o ex-Ministro do STF, Joaquim Barbosa – com profundas implicações na vida institucional brasileira. Isso tanto no plano do Executivo quanto do Legislativo e do Judiciário, o Ovo da Serpente de onde emergiu a Operação Lava Jato – holofotes voltados para o juiz Sérgio Moro – até culminar com o *impeachment* da presidenta eleita Dilma Rousseff em 2015 e a condenação de Lula em 2018. Mas não estamos a escrever a História do Brasil e sim a do site Novo Jornal.

Entretanto, é preciso abrir um parêntesis. Prevendo talvez desdobramentos desagradáveis, formulou-se e foi posta em prática em Minas a *Teoria da Falsidade*, ou seja, questionar todos os PDF's comprobatórios de irregularidades postados pelo Novojornal como se fossem produtos de falsificações com fins de achaques às autoridades, o que acabou por render problemas bem mais sérios do que se pensa. A imaginação fértil criou uma inexistente quadrilha que praticava tais crimes. Essencialmente era preciso mostrar ao Brasil serem falsos os documentos comprobatórios da Lista de Furnas e do Mensalão Tucano Mineiro e outros quaisquer que fossem eles, ainda que emitidos por *cartório do céu e assinado embaixo: Deus.*

ILOGICISMO

Em seus pensamentos de roedor, Danilo, sem saber o porquê, lógico, intuíra tempos passados que em breve seria apresentado a um novo amigo, mais falante de coisas das quais ele nada entendia. Isso de resto não tinha importância nenhuma para ele, porém disposto a afagá-lo com esses diálogos a culminar com as côdeas de pão. Obviamente desde que guardas penitenciários cheios de *paúra* e neura não viessem a indagar se havia outro alguém na solitária a conversar com o preso.

Intuitivamente, Danilo se sentia discriminado. Se soubesse da existência disto iria até a Sociedade Protetora dos Animais reclamar de injúria e calúnia. Por que alguns que têm o mal costume de se apossar de coisas alheias são chamados de ratos? Também não sabia poder apelar a São Francisco de Assis, que o chamava de irmão, compreendendo ele se nortear apenas pelos instintos da sobrevivência. Mas ficaria contente se isso ocorresse com os seus inimigos naturais, os gatos? Sem imaginar que Francesco d'Assisi também repeliria tal comportamento, pois ao outro chama também de *irmão gato*. Por coincidência tão acusado quanto a ele Danilo.

TEMPERATURA EM EBULIÇÃO

Em termos de irritabilidade do governo de Aécio Neves, a existência do chamado *Mensalão Tucano Mineiro, nos exatos moldes do Mensalão Petista*, causou uma profunda preocupação em Andrea Neves e no Palácio da Liberdade, que nunca mais deixou de existir, da administração de Neves, passando por Anastasia, hoje senador da República, e Alberto Pinto Coelho. Quanto ao inquérito sobre isso, o mesmo estava parado e sumido, uma parte em poder do Ministério Público do Estado de Minas Gerais e a outra na Superintendência da Polícia Federal de Minas Gerais.

Certa manhã cheguei à redação do Novojornal e encontrei Carone trabalhando em ritmo frenético. Veterano repórter investigativo, ciente de que as fontes de um jornalista são objeto de garantia constitucional, não sendo eles obrigados a revelá-las a ninguém, nada perguntei ao Carone. Mas conversando sobre o tema principal da edição esse dia, vi que o estrago seria grande, pois ele havia recuperado junto às fontes dele os dois procedimentos investigativos que foram ao ar, gerando um grande número de *views*.

Na sequência da rotina jornalística, em primeira mão o site publicou a perícia do Instituto Nacional de Criminalística da

Polícia Federal do Brasil atestando a autenticidade da Lista de Furnas a envolver principalmente os tucanos e seus aliados. Isso complicou bastante a vida dos irmãos Aécio e Andrea, o Palácio da Liberdade passando então a se empenhar em três pontos fundamentais: descobrir quem financiava o Novojornal; quem eram as fontes do jornalista e publicitário Marco Aurélio Carone e minhas; e a insistência aumentada em tentar fazer crer que todos os documentos eram fruto de falsificação, uma antiga tática para criar o descrédito utilizada desde tempos imemoriais pelo doutor Tancredo Neves.

O conhecido lobista Newton Monteiro, que tem *know how* de sobra para falar de operações desse tipo, pois foi operador de mensalões tanto dos *tucanos* quanto dos petistas, sabe-se lá por que, talvez assustado com os fantasmas que existem nesses submundos, um dia foi ao delegado Luiz Flávio Zampronha, da Polícia Federal, mostrar as cópias da documentação em poder dele implicando os *emplumados* e teve a desagradável surpresa de vê-las apreendidas. Zampronha investigou de 2005 a 2011 a existência do mensalão do PSDB mineiro e afirmou à *Folha de São Paulo* que *o mensalão é maior do que o caso em julgamento no Supremo Tribunal Federal (STF)*, referindo-se ao PT. Segundo o delegado, o esquema era mais amplo nas suas duas pontas, de arrecadação e distribuição.

– Deveria ser encarado como um grande sistema de lavagem de dinheiro e não só como canal para compra de apoio político no Congresso.

Ele não se referia à PEC 470 obviamente, mas a outra ação penal, na opinião dele, a ser instalada.

Tão logo o Novojornal deu publicidade aos fatos, principalmente o reconhecimento do Instituto de Criminalística da Polícia

Federal do Brasil – Caso da Lista de Furnas –, Aécio Neves investiu pesado, contratando dentro dos planos da *Teoria da Falsidade*, um perito norte-americano. Ele elaborou um laudo contradizendo os "federais" brasileiros. Entretanto, *como é preciso combinar com os russos* – uma expressão brasileira que deriva de táticas esportivas para concluir que se não for combinado com todos, sem exceção, de nada adiantam arreglos –, o projeto corria riscos.

Essa expressão nasceu por ocasião da Copa do Mundo de 1958 quando a extinta União das Repúblicas Socialistas Soviéticas – URSS -, que jogou e perdeu contra o Brasil, anunciou ao mundo o seu *futebol científico*. Hoje o jornalista e biógrafo Ruy Castro, autor de *Garrincha, a estrela solitária*, já desfez a lenda, mas contava-se que o técnico brasileiro Vicente Feola chamou Garrincha e lhe disse:

– O Gilmar quando cobrar um tiro de meta, a bola vai cair no meio campo com o Zito ou o Didi. Didi ou Zito fazem um lançamento para você que driblará os seus marcadores, correrá para a linha de fundo e cruzará para Vavá, que virá pelo meio e chutará para o gol.

Na ingenuidade que lhe era característica, o craque das pernas tortas teria indagado ao treinador da equipe brasileira:

– Ô, seu Feola... O senhor já combinou isso com os russos?

Claro que não, mas os brasileiros derrotaram os soviéticos com o *futebol científico* e tudo, em um jogo que talvez tenha apresentado os três minutos de futebol mais lindo do mundo, com Garrincha fazendo o que quis de um dos seus marcadores, o jogador Igor Neto. Mas voltando ao tema da ebulição política, Aécio Neves *não combinou com os russos*. Resultado: dois dias depois de desmentir os seus colegas brasileiros, o perito norte-americano foi detido pelo

Federal Bureau of Investigation – FBI, na sigla em inglês – em função de práticas criminosas, e o álibi produzido por ele perdeu a validade. Além do mais, o carioca Roberto Jeferson e o ex-presidente da Assembleia Legislativa de Minas Gerais, deputado Antônio Júlio, admitiram ter recebido as suas cotas do mensalão, pondo os planos da *Teoria da Falsidade* por água abaixo.

Para piorar as coisas, o Novojornal divulgou ações comerciais de Andrea Neves relativas a uma *off shore* e a uma empresa a funcionar em *shoppings* de Belo Horizonte, explorando carrinhos infantis para bebês. Ali ficavam alojados os pimpolhos e pimpolhas enquanto os pais perambulavam pelas lojas e praças de alimentação a fazer compras, tudo gerenciado por uma senhora de nome Lydia Maria Alonso Lima, que fontes garantem ganhou uma mansão na região dos condomínios fechados de Nova Lima. A panela de pressão apitou com o aumento da temperatura e mais do que nunca se fazia mister descobrir quem financiava o Novojornal, o funcionamento da quadrilha e quem eram as fontes financiadoras. Seria o PT? Ou o *tucano* paulista José Serra, especialista em dossiês? O Ministro Fernando Pimentel? Quem compunha a *quadrilha* a produzir documentação falsa e atacar os noticiados?

A vida seguia nesse ritmo. O pontapé inicial dos entreveros citados antes foi quando o Novojornal abriu manchete envolvendo um obscuro advogado chamado Joaquim Engler Filho, até hoje desconhecido pessoalmente por mim. Autor de um depoimento à Polícia Civil de Minas Gerais, Engler Filho deixa muito feio na fita diversos figurões do mundo jurídico mineiro. Ele narrou com precisão como tais pessoas participavam em ilícitos a envolver membros do Tribunal de Justiça do Estado de Minas Gerais e Ministério Público num prenúncio do golpe congressual-jurídico-midiático que resultou na deposição da Presidenta eleita Dilma

Rousseff, substituída pelo usurpador Michel Temer, com as exceções devidas à praxe, e uma malta de ladrões envolvidos com os longos braços da Lei (?). Mencionar o depoimento de Engler até hoje provoca terremotos e *tsunamis* no âmbito do Tribunal de Justiça de Minas Gerais. Outra parte do depoimento do doutor Engler somente foi resgatada em princípios de 2018. Nos resta esperar em que resultará.

E dividindo espaço com o senhor Engler, as ações do então Secretário de Governo, deputado federal Danilo de Castro e seus aliados, nominados no site Novojornal como *A Gang dos Castro*. Fato dito menor, o contrabando de órgãos humanos, principalmente do garoto Paulo Pavesi, cujo pai hoje se encontra asilado na Itália, envolvendo o ex-deputado federal de Poços de Caldas, Carlos Mosconi (PSDB), figura de proa entre os tucanos. O nome dele chegou a ser citado em documentação oficial durante um júri popular realizado naquela cidade onde os fatos delituosos ocorreram, exatamente pelo juiz a presidir o julgamento.

UM EMPASTELAMENTO NO CURRÍCULO

Um início de tarde de 2008, em um dia pleno de notícias, quando da hora do almoço, estando eu bastante ocupado com o noticiário e em redigir os meus editoriais, pedi aos colegas que me trouxessem um sanduíche e um suco de laranja, e permaneci digitando sozinho na redação. Marco Aurélio Carone estava ausente. Ele tinha viajado à cidade de Ouro Preto. De repente, o silêncio foi quebrado com o barulho da porta de entrada do local sendo aberta. Percebi a movimentação de pessoas. Pensei que fossem os jovens colegas de trabalho, mas não. Era a promotora de Justiça, Vanessa Fusco, à frente de um grupo policial fortemente armado, inclusive com escopetas serradas, metralhadoras de mão, revólveres calibre 38 e coletes à prova de bala. O então tenente coronel da Polícia Militar de Minas Gerais Paulo Leonardo Benício Praxedes, comandando as ações militares, se adiantou e me disse:

– Eu sou o coronel Praxedes.

Pelas insígnias observei que ele era tenente coronel.

– Muito prazer! Eu sou o jornalista Geraldo Elísio. Em que posso ser útil?

Ele respondeu:

– A doutora Vanessa Fusco, do Ministério Público de Minas Gerais, está de posse de um mandado de busca e apreensão dos equipamentos do Novojornal.

Conheci a doutora Vanessa Fusco ainda muito jovem, quando a mesma era estudante e trabalhava na sessão mineira da OAB, quando vigiam os governos dos generais. Convivíamos muito com os doutores Raimundo Faoro, Bernardo Cabral e, principalmente, Sobral Pinto, amigos diletos do presidente da Seção Mineira da OAB, Aristóteles Atheniense, todos a ministrar verdadeiras *aulas de democracia*, o que era visto com bastante entusiasmo pela jovem funcionária, que tinha como meta formar-se em Direito. Como manda a delicadeza e o respeito, diante das circunstâncias não me manifestei além do que devia, limitando-me a dizer:

– Muito bem, senhor coronel! Que a doutora Vanessa se sinta à vontade para executar o trabalho dela.

– Porém, o senhor tem de ouvir a leitura do documento em mãos da doutora.

– Sou todo ouvidos.

De frente para mim, a doutora Vanessa Fusco leu toda a peça jurídica e ao terminar, indaguei o que mais competia a mim poder fazer. Ela respondeu que nada e pedi licença para me retirar, indagando antes se eu estava detido e ouvindo que não. Eu nunca esqueci das lições do doutor Sobral Pinto, que acabou se transformando num filme documentário longa-metragem chamado *Sobral, o homem que não tinha preço*, feito por sua neta, a cineasta carioca Paula Fiuza. Nele eu apareço numa longa sequência de sete minutos, entrevistando-o junto com o colega e amigo jornalista Leonel da Mata, então da Rádio Itatiaia de Belo

Horizonte, numa recepção em casa do doutor Aristóteles Atheniense, amigo íntimo do ícone dos advogados brasileiros. Aristóteles, com a glória de possuir uma declaração firmada por ele, Sobral, para defendê-lo em um de seus entreveros nos embates com os governos militares. Presentes também à recepção, ficamos eu e a jovem Vanessa Fusco admirando o valor moral daquele monumento vivo à dignidade humana. Nunca me esquecerei daquele momento.

O coronel Praxedes, antes de eu sair, também resolveu dizer, à frente dos seus *Arapongas Amestrados*, que igualmente não precisava mais de mim e se quisesse, poderia me ausentar do local. Nada contra os profissionais da escuta em casos de defesa da soberania nacional, pedofilia, terrorismo, tráfico de drogas e de seres humanos, enfim assuntos que não dizem respeito à censura de imprensa e violências contra o direito constitucional democrático, a garantir a liberdade de imprensa e expressão. Por sinal, o primeiro item necessário a um profissional da escuta, do qual todas as nações fazem uso, é a inteligência, sem a qual perde a função. Porém, quem nasce para Vanessa Fusco ou coronel Praxedes jamais chegará a Julian Assange ou Edward Snowden.

Cumprimentei a todos com uma boa tarde e me retirei, acompanhando da garotada a trabalhar no site, literalmente apavorados com a situação e sem entender a minha calma, eu veterano de 31 de março de 64 e de outros eventos de triste memória. Ao me dirigir para casa pensando naquele absurdo ditatorial em pleno estado de direito democrático, ouvia na memória auditiva o ressoar dos saltos do sapato da elegante doutora Vanessa Fusco a relembrar, de forma *light*, o ressoar dos tacões das botas militares em 64. Em nome da Justiça e da verdade, cumprimento de ética pessoal e jornalística, é necessário ressaltar que todos eles e ela, sem exceção, foram bastante educados. Só não compreendi o excessivo número de armamento pesado. Intimidação? Só eles podem responder. Pelo menos no que diz respeito a Minas Gerais, passei a deter o título de o primeiro jornalista cibernético empastelado. É claro, fora do jornal telefonei para o Marco Aurélio Carone e comuniquei o acontecido.

No mesmo dia, quem acessasse o Novojornal.com.br veria no lugar do site uma tarja verde a ocupar a tela inteira dos PC's *dizendo que o mesmo havia sido retirado do ar pela prática de crimes cibernéticos*, o que realmente pode existir mas em se tratando de terrorismo, tráfico de drogas, tráfico de órgão de pessoas mortas, tráfico de escravos, o que, positivamente, não era o caso de Marco Aurélio Carone e sua pequena equipe de profissionais do jornalismo. Além do mais, a tela dizia que fatos de tal natureza *eram muito comuns nos Estados Unidos da América do Norte.* É verdade, mas sem envolver censura de imprensa ou liberdade de expressão. Uma semana fora do ar, o Novojornal, sem o domínio br, voltou a ser publicado, vencido esse prazo postado, exatamente de uma cidade norte americana e preparado, em casos eventuais, para ser hospedado em mais oito capitais mundiais.

Praxedes e seus Arapongas Amestrados, então o comandante do grampo em Minas Gerais, bem como a doutora promotora, por ordens superiores queriam saber quais eram as fontes do Novojornal, uma grave violação aos direitos constitucionais, pois o sigilo da fonte consta da Constituição Brasileira em defesa da prática do jornalismo profissional. O militar citado na ocasião comandava o grampo em Minas Gerais, *arapongando* jornais, rádios, TVs e diversas autoridades estaduais e federais. No futuro pretérito, eu mesmo viria a ser vítima de um grampo absolutamente irregular. Mais à frente veremos isso.

O Novojornal, denunciou várias vezes a existência de uma central de escutas clandestinas instalada no prédio da Procuradoria Geral de Justiça de Minas Gerais. Fontes garantem existem mais de 50 CDs, contendo quase um ano de escutas telefônicas feitas pelo serviço de inteligência (?) do Ministério Público mineiro. Além dos CDs e diversas transcrições, existem cópias de uma centena de Relatórios Reservados, demonstrando que a maioria dos monitoramentos realizados tinha apenas objetivo político e até mesmo comercial, não criminal, como noticiado pela Procuradoria Geral de Justiça, para justificar a existência da central de escuta. Se buscarmos na web *Consciência Política*, em artigo assinado por André, de sábado, 27 de setembro de 2008 vamos encontrar:

"Foi o tenente coronel da PM Praxedes que, em desvio de função e em clara falsidade ideológica, apresentou-se como membro do Ministério Público (...). Na verdade, apenas o local de funcionamento é do Ministério Público mineiro, toda infraestrutura de pessoal técnico Coronel da PM, Chefe do Gabinete Militar do Governador, Eduardo Mendes de Souza, e equipamentos, pertencem a Polícia Militar de Minas Gerais. Quem se apresenta como chefe perante as entidades e empresas de telefonia, internet, entre outras, é o tenente coronel da Polícia Militar Paulo Leonardo Benício Praxedes, que, coincidentemente, respondia pela subchefia do Gabinete Militar do Governador de Minas Gerais, conforme Ato de designação de função assinado pelo Praxedes, não sei se ainda o conserva, tinha até e-mail oficial do Ministério Público de Minas Gerais, praxedes@mp.mg.gov.br. Funções incompatíveis entre si. Em um estado democrático de direito, esse Coronel estaria respondendo criminalmente por seus atos. Porém, em Minas Gerais ele trabalhava com a cobertura do Ministério. Nos termos da Lei nº. 9596/96, que regulamenta a escuta telefônica no País, apenas a Polícia Judiciária, no caso a Polícia Civil, é competente para conduzir tais diligências.

O monitoramento, inclusive telefônico, realizado inclui todos os veículos de comunicação instalados em Minas Gerais, alguns também no interior do Estado, principais funcionários estaduais e municipais da capital e de cidades de interesse político do Palácio da Liberdade, além de desembargadores, juízes, deputados, líderes religiosos de movimentos pastorais e, até mesmo, procuradores opositores de Jarbas Soares Júnior. O serviço de arapongagem, comandado por Praxedes, produzia diariamente um relatório que é encaminhado à Casa Civil do Governo de Minas Gerais. Não sei se tal prática continua.

Agora fica claro o porquê da busca e apreensão, utilizando como fachada um inquérito do Ministério Público mineiro de uma promotoria especializada criada sob encomenda. A operação da PM2 nas redações do Novojornal estava à procura deles (...)".

Danilo de Castro era o primeiro a receber tais relatórios.

Trecho do Novojornal constante da matéria:

"(...) Noticiamos o que está ocorrendo junto com a documentação que comprova o envolvimento da Casa Civil do governador mineiro, através do Tenente Coronel da Polícia Militar Paulo Leonardo Benício Praxedes com o serviço de escuta e espionagem clandestina da Procuradoria de Justiça de Minas Gerais, apenas para manter a segurança dos envolvidos na reportagem, tornado público que ela existe.

Contra o Novojornal está o Procurador Jarbas Soares, denunciado por formação de quadrilha junto com Eduardo

Azeredo, perante o Supremo Tribunal Federal (STF), pelo Diretor Responsável do Novojornal Marco Aurélio Carone. O Procurador Geral, inclusive, convocou o senador para a inauguração da promotoria em 16 de junho de 2008, 30 dias antes da denúncia encaminhada pelo Procurador Geral contra o Novojornal. Enquanto em Brasília tenta-se apurar a proliferação de grampos, em Minas Gerais nada acontece, pois o mesmo é chefiado pelas mais altas autoridades. Advogados do Novojornal em Brasília já entraram em contato com integrantes da CPI dos Grampos, em funcionamento no Congresso Nacional, para entrega de todo o material. Condicionando apenas que o mesmo seja entregue de forma oficial, o que ainda não foi garantido. Essa cautela é para evitar que os mesmos não sejam encaminhados para os arquivos da Casa Legislativa, como já ocorreu com documentos e provas da CPI do Mensalão. A Polícia Militar de Minas Gerais, indagada a respeito da participação de um de seus integrantes, nada respondeu, igualmente assim o fez a Casa Militar do Palácio da Liberdade. O Ministério Público sequer quis comentar o assunto (...).

(...) Nem mesmo no período militar a sociedade civil mineira esteve tão exposta à intervenção arbitrária e ilegal do Estado (...)".

Um detalhe se faz observar: com a chegada do governador Fernando Pimentel ao Governo de Minas, existem indícios de que pouca coisa mudou. Talvez somente a mudança de nomes de pessoas.

Na verdade, o que desejava mesmo o Ministério Público de Minas Gerais era saber quais eram as fontes dos jornalistas do Novojornal e, principalmente, quem financiava o Novojornal, pois aquelas alturas até mesmo os *frames* publicitários colocados pelo Google haviam desaparecido por completo das páginas do site. Após a retirada do site do ar, eram constantes as invasões cibernéticas a exigir um controle diuturno, inclusive partidas também do exterior. Tinha-se a certeza que os grampos continuavam à solta.

Mas nem esse episódio tão grave para as instituições nacionais fez com que se movessem com a devida força a imprensa nacional e as forças políticas de oposição ao governo de Minas. A Associação Brasileira de Imprensa – ABI – emitiu uma nota dura, bem como o Sindicato dos Jornalistas Profissionais de Minas Gerais, porém de forma tímida. Isso em função da resistência de alguns de seus membros no que diz respeito a Carone e às violências que, independentemente de quais querelas trabalhistas, ele pudesse estar sofrendo. A então presidente jornalista Eneida Costa emitiu uma nota pessoal corajosa diante do inconveniente surgido.

UM GRAMPO INDEVIDO

Vamos a um outro ligeiro avanço no futuro. Ocorreu por obra e graça do *Imponderável de Souza*. Sabíamos ser lidos, espionados, gravados... tudo a que os *arapongas* ou têm domínio ou julgam ser do domínio deles. Porém, como eu disse, se não prevalece a inteligência, alguma anormalidade pode surgir. E isso aconteceu.

Uma manhã qualquer eu precisei ligar para Brasília, pois queria falar com o então delegado da Polícia Federal Protógenes Queiroz, eleito deputado federal pelo PC do B de São Paulo, famoso no Brasil inteiro por ter prendido o ex-governador de São Paulo e deputado Federal Paulo Maluf, condenado bem mais à frente, em 2017, e o Flávio Maluf, filho dele. Além dos Maluf, Protógenes desbaratou máfias do futebol brasileiro, hoje reconhecidas internacionalmente e, principalmente, chefiou a Operação Satiagraha, a resultar na condenação, pelo juiz Fausto De Sanctis, do banqueiro Daniel Dantas. Através de De Sanctis, Dantas foi preso duas vezes, para duas vezes receber *habeas corpus* cangurus exarados pelo Ministro do Supremo Tribunal Federal (STF), o então presidente, Gilmar Mendes, em prazo recorde de 48 horas. Com a mesma tranquilidade com a qual ele exarou o *habeas corpus* libertando o médico estuprador de mais de 35 paciente paulistas,

Roger Abdemassih, que acabou fugindo para o Paraguai e foi recambiado em uma ação que envolveu a Interpol.

Passaram-se alguns anos que eu conhecera em Belo Horizonte o delegado da PF quando de suas inúmeras vindas à capital mineira para promover palestras, muitas delas organizadas pelo então presidente da Associação dos Jornalistas do Serviço Público de Minas Gerais – Ajosp – Cláudio Vilaça, prematuramente falecido aos 38 anos, num acidente automobilístico ocorrido em 2012. Tornei-me amigo de Queiroz da mesma forma como o sou de inúmeras personalidades de todos os rincões do Brasil, os quais entrevistei e entrevisto ao longo de minha carreira. Ele acabou punido face a questões burocráticas, escutas sem autorização. Semelhantes às que envolveram o afastamento da presidenta Dilma do Poder, que valeram para o caso dela, mas não para o caso dele.

A Operação Satiagraha foi anulada pelo Supremo sob o argumento de obtenção de provas ilegais, e Queiroz acabou pedindo asilo político na Suíça. Hoje tenta recuperar os seus direitos junto ao Supremo Tribunal Federal (STF). A Operação Lava Jato também promoveu escutas ilegais e nada aconteceu. É de se indagar como fica em tal procedimento o juiz federal da primeira instância de Curitiba Sérgio Moro e os jovens e messiânicos promotores a receber salários superiores a 120 mil reais? Como logomarca deles, escolho Deltan Dallagnol, um investidor na aquisição de moradias no âmbito do projeto Minha Casa, Minha Vida. Agora todos preocupados com aspectos ilegais a envolver membros da Lava a Jato e seus possíveis desdobramentos.

Linhas acima disse que queria falar em Brasília. Ao pretender fazer uso do meu celular, constatei que ele estava sem carga. Na verdade, o que buscava era solicitar de Protógenes a influência do mesmo para facilitar o meu acesso ao senador carioca Romário, então começando a desnudar questões ligadas ao futebol brasileiro e às eternas *aprontações dos cartolas* procurando favorecer os seus clubes e, principalmente, o bolso deles. Ao verificar que o aparelho estava sem carga e estando na sala do diretor Marco Aurélio Carone, pedi a ele:

– Marco, acabou a carga do meu celular e eu estou precisando ligar para Brasília para ver se o Protógenes facilita para mim a entrevista com o senador Romário, a respeito daquela matéria que foi pedida sobre os bastidores do futebol.

Ele pegou o celular dele no bolso da camisa e o passou às minhas mãos. Liguei para o gabinete do deputado, pedi à telefonista para falar com a secretária Rose, expliquei a ela o meu objetivo e fui transferido para o telefone do Protógenes, com o qual conversei cerca de três ou cinco minutos. O que eu não sabia é que na tentativa de obter as fontes de informação do Novojornal, nós os funcionários e, principalmente, o Carone estávamos sendo arapongados, consequentemente *grampados*. E o pior, sem autorização judicial. No caso do então deputado Protógenes Queiroz, do PC do B-SP, mais grave ainda, pois um parlamentar federal somente pode sofrer escuta com autorização do Supremo Tribunal Federal – STF – o que não ocorreu.

Fácil é supor que o *araponga* em tela estava destinado a bisbilhotar o Marco Aurélio Carone e quando viu acionado o telefone dele, entrou em ação. Mas é lógico imaginar que ao perceber com quem eu falava do outro lado da linha, tivesse a inteligência de recordar que em tais circunstâncias somente poderia exercer a sua função com ordens expressas do STF, no máximo anotando à parte o assunto discorrido entre nós e informando aos seus superiores. Porém, o anti James Bond gravou toda a conversa, degravou e os seus chefes, num erro maior do que o dele, fizeram a peça constar de um documento oficial emitido pela Polícia Civil de Minas Gerais, registrando as digitais do crime cometido.

Tudo em função do *Imponderável de Souza* e de uma estúpida certeza da impunidade.

LIGAÇÕES PERIGOSAS

Na medida em que ia subindo o número de *views* do Novojornal, aumentavam as preocupações de Andrea Neves. Já não era apenas o *Mensalão Tucano Mineiro*, a *Lista de Furnas* e a *Gang dos Castro* ou o temor do depoimento do advogado Joaquim Engler. Principalmente a partir do instante em que foram noticiadas crises de *overdoses* de Aécio Neves, no Palácio das Mangabeiras, residência oficial dos governadores de Minas Gerais. O público ficou sabendo que ele teve de ser transportado de helicóptero para o hospital Mater Dei, também em Belo Horizonte. Além dos mais, a irmã do governador sabia da existência de provas concretas sujeitas à apreciação judicial da exceção da verdade em caso de abertura de processo criminal.

Como o Novojornal poderia obter tais documentos tão sigilosos? Qualquer agente policial ou um jornalista investigativo, ainda inexperiente, pode não afirmar, mas irá supor ser alguém ligado à PM-2, órgão encarregado da segurança pessoal dos governadores mineiros. No meu caso, não ficarei em suposições. Digo ter sido mesmo, informação obtida mediante compromisso firmado que, por razões ligadas à segurança da família de quem informou, nem após ele falecer, eu direi. É visando casos assim que, em países verdadeiramente democráticos, a Constituição garante o sigilo das fontes dos jornalistas. *Garganta Profunda* era o codinome de Marck Felt, ex-diretor-assistente do Federal Bureau of Investigativo – FBI – o homem que revelou a Bob Woodward e Carl Bernstein, do Washington Post, os dados que os possibilitaram produzir a série de matérias que culminaram com a renúncia do ex-presidente norte-americano Richard Nixon quando do episódio envolvendo o escândalo Watergate. Em momento algum, eles disseram ou foram forçados a dizer quem era a fonte, tendo o próprio Felt, quase ao final da vida, feito a revelação de ser ele o *Deep Throat*.

Tais *overdoses*, em número de três, foram publicadas a primeira vez em 2013, gerando pânico entre os formuladores da *Teoria da Falsidade*. Intensificaram-se também os contatos sigilosos entre Marco Aurélio Carone e Andrea Neves, como se fora, na história moderna, outra Agripina a cuidar de Nero. Diante do agravamento da crise, o Novojornal enviou um e-mail a Aécio que não foi respondido, abordando tal questão. O site enviou também outro documento de igual teor à direção do Hospital Mater Dei, que respondeu somente poder divulgar assuntos relativos às perguntas formuladas mediante *ordem judicial ou com expressa autorização do paciente*. Não disse sim, evitou a colocação do não, mas o teor da resposta, para quem sabe ler e entende que um pingo é letra, desfaz muitas dúvidas. Em suma: assuntos de tal natureza só podem ser divulgados com expressa autorização do paciente ou ordem judicial. Então? Houve um paciente. Quem era ele? A indagação feita pelo site deixa sinais claros.

Documentos citados na matéria: e-mail encaminhado ao Hospital Mater Dei em 9 de janeiro de 2013. Reenvio do e-mail ao Hospital Mater Dei em 17de janeiro de 2013. E-mail encaminhado ao ex-governador e atual senador Aécio Neves em 9 de janeiro de

2013. E-mail encaminhado ao procurador André Estevão Ubaldino Pereira em 18 de novembro de 2013.

É necessário destacar que tais *overdoses* ocorreram dentro do Palácio das Mangabeiras, residência oficial do governador de Minas guarnecido pela Polícia Militar, 24 horas por dia. Corporação Militar que cumpriu sua obrigação entregando através de seu serviço reservado um detalhado relato do ocorrido à Coordenadoria Antidrogas, inclusive, sobre a transferência de Aécio Neves em helicóptero operado pela Polícia Militar para o Hospital Mater Dei, em Belo Horizonte.

Outros assuntos em pauta também foram adquirindo um tônus de incômodo a ser detido. A construção da Cidade Administrativa, com destaque para os custos superfaturados. A edificação da *Aeciolândia*, que apresentava déficits técnicos que colocam a estrutura em risco. Além do caro projeto desenhado por Oscar Niemayer, numa tentativa de Aécio mostrar ao Brasil ser ele o novo Juscelino Kubitscheck ou o avô dele, Tancredo Neves, mesmo ele não dispondo das qualidades de ambos, seja no setor administrativo e principalmente cultural e moral. No máximo, um articulador político à moda *deja vu*.

Com poucos edifícios e um caráter monumental, a obra se ergue no antigo Hipódromo Serra Verde, Zona Norte, dizem alguns não de Belo Horizonte, mas Sul de Santa Luzia, município da Grande Beagá. Foi encomendada ao famoso arquiteto em 2003, no início do primeiro mandato de Aécio e parcialmente concluída pouco antes de ele transferir o governo ao então vice Antônio Anastasia – Anastacia, em grego – ao desincompatibilizar-se para disputar as eleições presidenciais com Dilma Rousseff, ela então em busca de um segundo mandato. O fato de a obra ter sido executada em terreno pertencente ao município de Santa Luzia, e não em Belo Horizonte, contraria a determinação da Constituição Mineira, a qual ordena que a sede administrativa, a Capital, se situe em tal município.

À época, numa das ocasiões que se encontraram o arquiteto e o governador, Aécio declarou que ela seria a maior obra arquitetônica implantada no estado nos últimos 50 anos, já com o nome oficial de Cidade Administrativa Presidente Tancredo Neves. O complexo foi inaugurado, embora ainda com algumas partes não concluídas. Antes, sem nenhum estudo de impacto urbanístico e de trânsito, foi anunciado que a Cidade Administrativa seria erguida nos terrenos do velho aeroporto do bairro Carlos Prates. Niemayer veio a Beagá e, em companhia de Aécio Neves, sua equipe de governo apresentou o projeto à mídia. Sabe-se lá por que mudaram de opinião, sem que nem mesmo a oposição nada dissesse, e o assunto morreu no esquecimento, sem maiores explicações.

Como afirmara Aécio – que, reeleito em 2006, deixaria o cargo menos de um mês depois da inauguração, para disputar uma vaga no Senado – trata-se da maior obra arquitetônica no estado nas últimas cinco décadas. O centro institucional mineiro supera os 265 mil metros quadrados de área construída, implantados em lote com dimensão superior a 800 mil metros quadrados, no qual antes existira um hipódromo. Ali tudo transpira grandiosidade – a um dos edifícios, o Palácio Tiradentes, tem sido atribuído o título de maior prédio suspenso do mundo, com seu vão medindo 147 metros de comprimento por 26 metros de largura –, a arquitetura é também monumental. Em depoimento à revista *Veja*, Niemeyer disse que o complexo *é uma aula magna de arquitetura e de administração pública. Além de concentrar milhares de funcionários em apenas dois prédios, ele valoriza ao máximo as áreas livres e verdes*, afirmou.

Também não é explicado por ninguém se o terreno que pertenceu ao antigo Jóquei Clube de Minas Gerais de fato estava em poder de um minoritário clube de acionários – caso em litígio na Justiça – entre os quais, segundo fontes, encontrava-se o atual senador Antonio Anastasia. As mesmas fontes, sob sigilo, garantem que *ele como integrante do governo comprou um terreno que a ele pertencia também para efetivar a construção da Cidade Administrativa.*

Um ditado popular diz que *a pressa é inimiga da perfeição*, provavelmente a razão de surgirem incômodos relativos ao megaempreendimento. Ao Banco de Dados do Novojornal, que jamais se utilizou de meios eletrônicos da estrutura de nuvens para espionar ou obter documentos, foram adicionadas informações comprometedoras para o atual senador mineiro Anastasia. Se serão ou não investigadas por quem de direito isso é outra coisa. Um ótimo número de *views* foi obtido pelo Novojornal no dia em que foi noticiado haver um recalque diferenciado na base da construção, o que havia gerado um aprofundamento de 20 centímetros. Isso obrigou o consórcio de empresas construtoras a aplicar injeções de cimento armado caríssimas na base do edifício, sem uma solução definitiva para a questão, principalmente os alagamentos que ocorrem com frequência em determinadas áreas baixas, espontâneos e, principalmente, por ocasião das chuvas.

O HELICÓPTERO DA COCA

Ainda em 2013, outra bomba de quase meia tonelada de megatons viria a explodir nas páginas da imprensa nacional e mundial. A Polícia Federal do Espírito Santo apreendeu, em 24 de novembro, no interior daquele estado, 450 kg de pasta-base de cocaína e R$ 16 mil em dinheiro a bordo de um helicóptero da Limeira Agropecuária, empresa do então deputado estadual mineiro Gustavo Perrella – SDD-MG – filho do senador e ex-presidente do Cruzeiro Zezé Perrella (PDT-MG), hoje senador da República. Quatro pessoas foram presas em flagrante, entre elas o piloto do helicóptero Rogério Antunes, funcionário da família Perrella e servidor da Assembleia Legislativa de Minas Gerais.

O helicóptero era frequentemente abastecido com verba indenizatória da Assembleia Legislativa de Minas Gerais, segundo informações constantes do UOL. O advogado do senador Zezé Perrella, Antônio Carlos de Almeida Castro, o Kakay, afirmou que a responsabilidade pelo crime seria do piloto da aeronave, que a teria usado sem permissão. Posteriormente, Zezé Perrella subiu à tribuna do Senado em defesa do filho. Afirmou que Gustavo Perrella foi enganado pelo piloto, que teria solicitado o helicóptero para realizar um *pequeno frete*, de acordo com o jornal O Globo. Quanto ao abastecimento da aeronave com dinheiro público, o senador negou que isso acontecesse. Indignado, ele declarou que as denúncias lhes davam – a ele e ao filho – *vontade de largar a política*. Contudo, os comprovantes existem, e o piloto foi demitido da Assembleia.

Na ocasião, a Polícia Federal divulgou nota informando não haver indícios de envolvimento da empresa proprietária do helicóptero, pertencente à família Perrella, com a droga. Os federais disseram ainda que todos os abastecimentos do helicóptero posteriores ao início do voo foram custeados pelo grupo que estava na aeronave. Contudo, independente do rumo da investigação, a Justiça rejeitou o pedido da restituição do helicóptero e determinou que ele ficasse à disposição do governo do Espírito Santo. Não foi uma decisão definitiva, e o equipamento já retornou às mãos de seus proprietários por determinação da mesma Justiça. O advogado da família, na ocasião, se manifestou sobre a decisão: *Concordamos em deixar com o governo porque é um fim social importante. Mas, no fim do inquérito, vamos querer buscar o helicóptero de volta. É um direito absolutamente claro e cristalino.* Há controvérsias. O piloto do helicóptero, Rogerio Almeida Antunes, foi exonerado do cargo que ocupava na Assembleia Legislativa de Minas Gerais, como já dissemos. Ele havia sido nomeado agente de serviço de gabinete a pedido do deputado Gustavo Perrella. Hoje leva uma vida comum. Até há pouco tempo, lecionava como pilotar helicópteros, na cidade de São Paulo.

Mas a verdade é que o *helicóptero do pó* realizava a sua terceira viagem com rota idêntica, a configurar tráfico internacional de drogas, quando o meio de transporte toca em pelo menos dois países envolvidos, no caso o Paraguai e o Brasil. Em todas as vezes, o equipamento pernoitou no hangar do empresário Marco Antônio Manata, proprietário da Lamar Engenharia, da cidade de Divinópolis, Oeste de Minas, também possuidor de um helicóptero que é bastante utilizado pelo deputado federal Domingos Sávio, um homem da linha de frente do senador Aécio Neves.

Quando o lobista Newton Monteiro esteve preso, Domingos foi um dos parlamentares a procurá-lo no Presídio de Segurança Máxima Nelson Hungria, em Contagem, região da Grande Belo Horizonte. Apesar da quantidade de droga apreendida – 450 quilos de pasta base de cocaína –, até o momento da redação deste livro, no Brasil não se sabe ou é fingido não se saber quem é o proprietário da muamba. Na época, as redes sociais divulgaram amplamente que agentes da Drug Enforcement Administration – DEA, na sigla em inglês – Órgão para o Controle/Combate das Drogas, estiveram em contato com a Polícia do Espírito Santo. O DEA é um órgão de polícia federal do Departamento de Justiça dos Estados Unidos encarregado da repressão e controle de narcóticos, criado em 1973. Seu mandato inclui a repressão doméstica ao narcotráfico e crimes relacionados às drogas em geral, dividindo responsabilidades com o FBI, além de ser o único órgão dos Estados Unidos encarregado de investigações do narcotráfico no exterior.

Chama a atenção no caso do *helicoca* ou *helipóptero* o fato de até hoje ninguém saber a quem pertence a droga, a qual cartel. Por sinal, ninguém dá notícia do paradeiro da pasta base de cocaína apreendida. Divide-se a opinião entre setores policiais que, mediante um juramento de nunca terem o seu nome divulgado, revelam alguns fatos significativos: a droga seria de *gente próxima de Aécio Neves*. E outra parte, mediante as mesmas condições de sigilo, afirma que o DEA tem todas as informações e pressiona o governo brasileiro no sentido de providências serem tomadas. Porém, acrescentam, há dificuldades para isso acontecer mesmo no Brasil, face a ocorrências de irregularidades praticadas naquela época. Enquanto o assunto arrasta-se através do tempo, as duas fontes afirmam que a Polícia Federal fez um relatório completo dos acontecimentos, repassando-o à Polícia Civil, que nega ter recebido a peça jurídica, enquanto os federais insistem em reafirmar a entrega da documentação.

Ambas as fontes relacionam o *suicídio (?)* do ex-policial civil Lucas Arcanjo com esse episódio. Diversas vezes ele denunciou, através das redes sociais, ser o ex-governador e atual senador por Minas Gerais *Um traficante perigoso*. Verdade, ele tinha problemas de saúde envolvendo a área de psiquiatria, mas igualmente foi vítima de quatro atentados contra a sua vida. Quem são os autores desses atentados e por quê? Ao tempo em que o doutor Tancredo Neves exercia o cargo de governador de Minas e o deputado estadual Genésio Bernardino de Souza era o presidente da Assembleia Legislativa de Minas Gerais, dois assassinatos de dois detetives da Polícia Civil de Minas Gerais ganharam as manchetes dos jornais. Ambos tombaram mortos por balas disparadas por um perigoso traficante, Carlos Alberto Fontes Mendes, conhecido pelo apelido de *Japão*. Traficantes que matam policiais, em regra geral, não permanecem vivos, mas *Japão*, conhecido pelos colegas em tempos de ginásio pela alcunha de *Tucano Pem Pem*, sobreviveu. Afirmam ele ser hoje um próspero fazendeiro em terras paraguaias. O pai dele foi assassinado em circunstâncias misteriosas.

A esse tempo, um dia eu fui encarregado de cobrir uma pauta para o jornal *O Estado de Minas*, quando me pediram para levar ao presidente da ALEMG, Genésio Bernardino de Souza, uma loura exuberante chamada Santusa, irmã de *Japão*. Ela foi solicitar ao presidente do Legislativo garantias de vida, temendo ser assassinada após a morte de seu pai. Um assunto bastante diferente da Editoria de Política onde eu trabalhava. Algum repórter de polícia poderia ter feito a cobertura, mesmo o caso envolvendo o então presidente da Assembleia mineira. Posteriormente, essa moça foi presa e constatado que ela, a bordo de um carrão elegante da época, traficava cocaína em pleno momento de maior charme da Savassi, ponto nobre de Belo Horizonte. Ficou um bom tempo na penitenciária feminina Estevão Pinto, na capital mineira. Santusa era conhecida como *Santusa do Pó* e, na verdade, o carro utilizado por ela era de propriedade do namorado, um jovem, ainda distante da fama que adquiriu posteriormente, chamado Aécio Neves da Cunha. Só muitos anos depois é que vim a compreender e fazer a ligação dos elos a compor o episódio. O desenrolar do tempo evidenciou que *Mineirinho*, por razões diversificadas, viu presas, na mesma penitenciária feminina, uma de suas namoradas e a sua irmã Andrea, ex-presidiária do Complexo Penitenciário Feminino Estevão Pinto, situado na região leste de Belo Horizonte, guardando na mente dela a incômoda lembrança de uma tornozeleira eletrônica usada no período em que cumpriu prisão domiciliar.

Homens de preto nos seguiam, em outro carro, do trajeto onde me encontrei com ela até chegarmos à Assembleia Legislativa de Minas Gerais, onde a Polícia Legislativa se encarregou da segurança dela. Até hoje não sei definir se os nossos seguidores eram policiais civis, policiais federais ou agentes do serviço de inteligência governamental. Tendo a crer, diante das circunstâncias, ser o pessoal da área de inteligência, pois qualquer evento funesto a envolver um jornalista sem nada a ver com o caso traria repercussão negativa. Tal questão, ao que me lembro, foi abordada vagamente pelo Novojornal quando de um editorial escrito por mim, inclusive lembrando que os personagens tinham laços familiares distantes com a família Mendes Júnior, proprietários da grande construtora que executou obras no Iraque para o então presidente Saddam Hussein até o início da Primeira Guerra do Golfo. Para se aferir isso, basta uma consulta aos arquivos dos jornais da época. Mas o grande detalhe até hoje, voltando ao caso Perrella, permanece uma incógnita: a quem pertencem os 450 quilos de pasta base de cocaína?

Para complicar mais as coisas, uns tempos depois outra aeronave foi apreendida no município de Pará de Minas, no triângulo Divinópolis – Pará de Minas – Cláudio, onde Aécio construiu um aeroporto cuja chave ficava em poder do tio dele, Quêdo. A bordo, mais pasta base de cocaína, totalizando mil e cem quilos da droga.

Ainda no currículo de Aécio, casos de brigas com suas eventuais companheiras em que ele foi flagrado espancando-as. Envolvimentos com mortes acidentais de moças a participar de orgias sexuais e drogas pesadas, com acobertamento da Polícia Civil de Minas Gerais. Inclusive um corpo encontrado no Vale do Sereno, região das mansões de Nova Lima, cidade pertencente à Grande Beagá. E um atropelamento de uma moça próximo à cidade de Uberlândia, no Triângulo Mineiro. Fatos dessa natureza eram corriqueiros nas páginas do Novojornal, sem que os interessados se manifestassem e, em circunstância alguma, fizessem uso do direito de resposta que espontaneamente lhes eram oferecidos.

Igualmente uma série de questões relativas ao que o Novojornal convencionou chamar de a *Gang dos Castro* envolveu o então secretário de Governo Danilo de Castro – nada a ver com o personagem roedor das côdeas de pão a conversar com o preso político trancafiado em plena democracia por crimes não cometidos – e seu filho, o deputado federal Rodrigo de Castro, além de outros personagens do grupo. Além do envolvimento de pessoas do Judiciário, foi emblemático o caso do desembargador José do Carmo, hoje aposentado, na época acumulando indevidamente o cargo com outra função remunerada ligada à Igreja Presbiteriana que se dedica à parte educacional. Tudo isso exasperavam os formuladores da *Teoria da Falsidade* encastelados nos planos superiores do governo de então em Minas Gerais.

A Presbiteriana é uma instituição seriíssima, o ensino ministrado por ela dos mais competentes do País, o que deve ficar registrado como marca de um erro humano do desembargador envolvido e não da Igreja. E mais, a existência em poder de Marco Aurélio Carone do depoimento prestado pelo advogado Joaquim Engler a delegados da Polícia Civil de Minas Gerais, como citado anteriormente, relata *irregularidades praticadas pelo Tribunal* de Justiça de Minas Gerais. Nele, Engler se assume como operador do esquema a envolver *compra de sentenças e outros agrados relatando beneficiários e quantias recebidas por quem de direito com as negociações formuladas*. Mais do que nunca, era necessário provar *a falsidade dos documentos comprobatórios das denúncias feitas e a existência de uma quadrilha especializada em achacar autoridades através de tal prática criminosa*. Sem contar a joia da coroa, o contrabando de nióbio, depósitos realizados em paraísos fiscais e o envolvimento de familiares diretos de Andrea Neves com tal procedimento a provocar um rombo de milhões nos cofres públicos de Minas Gerais.

Passados exatos quatro anos, ninguém sabe ainda a quem pertence a meia tonelada de cocaína encontrada no helicóptero do senador Zezé Perrella. O que não falta é quem diga que a mesma pertence a um ex-namorado da filha do *Mineirinho*, devendo ser ressalvado que a moça é totalmente inocente e nada sabia das atividades irregulares do namorado. O que ocorre? Incompetência? Proteção superior? Um dia, a verdade virá à tona. Um improvável erro da PF? E se for o caso, porque ao piloto e à família Perrella não pedem indenização? E o piloto se mesmo culpado, por que foi solto e ainda se encontra em liberdade?

A MISÉRIA DE MINAS EM FUNÇÃO DA SUA RIQUEZA

Pesquisando para escrever, na *Revista Brasileira de Política Internacional* lemos um longo trabalho sobre os interesses dos EUA e a segurança interna no Brasil, no qual encontramos sobre rotas de interesse principalmente econômicas para os norte-americanos, segurança interna do Brasil e análise sobre os limites entre diplomacia coercitiva e operações encobertas. Foi escrito por Paulo Romeu Braga, analista de informações, ex-funcionário da Agência Brasileira de Inteligência - ABIN e dele fazemos, em seguida, o resumo.

> *"O presente estudo parte da premissa de que, para garantir o acesso a fontes de matérias-primas, que lhe permitiriam manter o poderio econômico e militar no futuro, os Estados Unidos tinham a necessidade de possuir o controle sobre a segurança interna brasileira. Elencando fatos e situações que evidenciavam esse interesse econômico nas ações dos organismos governamentais norte-americanos, mesmo os que aparentemente não tratavam da questão, como é o caso da CIA e do Pentágono, o estudo busca amparo, embora superficialmente, nas doutrinas de contenção e de reserva estratégica para ao final concluir que, em razão da ausência de uma ideologia de segurança nacional e de mecanismos governamentais de alerta, a segurança interna brasileira foi conduzida pelos Estados Unidos durante as duas primeiras décadas da Guerra Fria. (...)*

(...) Certa feita, os jornais brasileiros publicaram que Henry Kissinger que foi dirigente do National Security Council – NSC – no primeiro mandato de Nixon e acumulou essa função com a de secretário de Estado no segundo governo daquele presidente, teria dito em uma conferência, após sua saída do governo, que o Brasil desenvolvido seria uma ameaça para a segurança de seu país. (...)

(...) A economia norte-americana era cada vez mais dependente de recursos naturais do exterior para garantir o seu desenvolvimento, e isso foi oficializado no NSSM-200 emitido pelo governo. (...) (...) A economia norte-americana requererá grandes e crescentes quantidades de recursos minerais do exterior especialmente dos países menos desenvolvidos. (...) sendo de se observar a qualquer custo.

(...) No início da década de sessenta, 97,3% do minério de ferro brasileiro estava sendo explorado por companhias controladas por grupos estrangeiros: dos Estados Unidos havia a Hanna Mining, a U.S. Steel e a Bethlem Steel; da Alemanha a Mannesman e da Bélgica a Belgo Mineira. (...) Como pode ser observado o interesse em território nacional brasileiro sempre voltado para as questões minerárias. Não foi à toa que nas décadas de 60/70 nacionalistas civis e militares, de esquerda ou de direita se preocuparam bastante com a questão. Talvez o ápice da luta tenha sido a CPI da MBR, solicitada pelo deputado estadual Jorge Orlando Flores Carone que constatou os prejuízos que o Brasil tomava face aos interesses internacionais facilitados pelos testas de ferro apátridas.

(...) Finda a Guerra, já estava definida a função que a América Latina teria dentro da zona de influência global dos Estados Unidos. Em 1949, o Departamento de Estado havia decidido que a América Latina deveria constituir-se em reserva estratégica para garantir o poderio econômico e militar dos Estados Unidos dentro do novo arranjo mundial que deu origem à Guerra Fria. (...)

O Tio Sam determinava para o Brasil o destino de ser colônia econômica cativa produtora de matérias primas, conforme ensinava o professor Osório da Rocha Diniz e informes diplomáticos daquela época. A política desenvolvimentista de JK e até mesmo a condecoração de Che Guevara pelo governo tinham características de resistência, mas nem por isso deixaram de existir entreguistas como Café Filho, o Johnny Cofee, a exemplo de um juiz Sérgio Moro de hoje, Fernando Henrique Cardoso, Aécio Neves, o usurpador Temer e tantos outros. Quando do início da Segunda Guerra Mundial os estrategistas norte-americanos chegaram a pensar em invadir o Rio Grande do Sul face a possibilidade do Fuhrer estabelecer uma colônia naquela área. A guerra favoreceu os objetivos dos EUA e a presença dos pracinhas em terra da Itália ensejou oportunidades de relacionamentos entre altas patentes dos dois países, intercâmbios e cursos todos eles visando a segurança interna de Washington a apregoar um desenvolvimento brasileiro fundamentado apenas na iniciativa privada.

> *(...) O primeiro treinamento em Inteligência organizado por uma instituição brasileira foi realizado pela ESG, em caráter experimental no ano de 1958, quando foi instalado o SFICI. Obviamente, toda a experiência que a ESG e os militares brasileiros possuíam nessa área havia sido repassada pelos norte-americanos, a partir do relacionamento militar mais estreito. Sob o comando do general Oswaldo Cordeiro de Farias, a ESG enviara para o National War College, em fins da década de 1940, os primeiros integrantes do seu corpo permanente. O grupo, que ficou conhecido como Grupo Sorbonne, era composto pelo General Antônio Carlos Muricy, os coronéis Jurandir Bizarria Mamede, Rodrigo Octávio Jordão Ramos, Alfredo Souto Malan e o tenente-coronel Golbery do Couto e Silva. Em 1950, Golbery foi classificado no Estado Maior do*

Exército. Em 1953, redigiu o Manifesto dos Coronéis contra a concessão de aumento de cem por cento para o salário mínimo, assinado por mais de oitenta oficiais influentes, que derrubou João Goulart do Ministério do Trabalho e o ministro da Guerra, general Estilac Leal, nacionalista e getulista; daí Golbery foi para a Casa Militar do presidente João Café Filho. (...)

(...) O Brasil, como de resto a América Latina, era visto como uma reserva estratégica que permitiria a continuidade, no futuro, do poderio econômico e militar dos Estados Unidos e, portanto, não poderia passar para a órbita de influência soviética e nem, tampouco, ficar sob um regime nacionalista forte, que viria fatalmente a descolar-se da influência exercida pelos Estados Unidos. Sob o ponto de vista industrial, o país tinha uma importância restrita, mas era muito importante como fonte fornecedora de matérias-primas de valor. (...)

(...) Efetivamente os Estados Unidos obtiveram êxito ao manter o Brasil, forçosamente, dentro da Doutrina de Reserva Estratégica apoiada pela Doutrina de Contenção e pelo Programa Ponto Quatro e, consequentemente, garantiram o fornecimento de matérias-primas nas condições que desejaram. As políticas adotadas pelos governos brasileiros, vistas pelo ângulo do contencioso velado, foram tomadas pelo NSC como ameaças à segurança nacional norte-americana. O nacionalismo que restringia a remessa de lucros, o comportamento crítico em relação à política de isolamento de Cuba, o episódio da condecoração de Guevara, a preparação do reatamento com a URSS, a aproximação com a China e o namoro com o Movimento dos Não-Alinhados foram temas de aguda controvérsia. O Brasil, ao tentar implementar a política do nacional-desenvolvimentismo independente, contrariou os interesses dos Estados Unidos. (...)

E de acordo com a White House e o Pentágono nenhuma de suas doutrinas podem ser contrariadas. Não existe admissibilidade disto por parte dos pretensos novos donos do mundo.

> *(...) A motivação econômica e o modo como foi executado o recente golpe na Venezuela é um fator importante a ser considerado em qualquer análise mais profunda sobre o assunto. E sob esse enfoque, revestem-se de importância especial as advertências do general Patrick Hughes, diretor da Defense Inteligente Avenca (DIA), feitas em 1998, sobre as ameaças potenciais para seu país nos próximos vinte anos, entre as quais incluiu a escassez de matérias-primas e agressões ao meio ambiente. Citando a Amazônia como exemplo, Hughes disse que se o Brasil resolvesse fazer uso da região de forma prejudicial ao meio ambiente estadunidense, as forças armadas dos Estados Unidos deveriam estar prontas para interromper o processo imediatamente. (...)".*

Ou seja, o futuro e o destino de qualquer outro povo não importa. O mundo é assim uma espécie de dádiva de Deus a eles, o que nada difere, apenas amplia a Teoria do Destino Manifesto. Essa teoria surgiu ao tempo da conquista do Oeste, quando nas Guerras Índias, tão familiares em filmes de *bang-bang*, eles massacraram os indígenas do hemisfério Norte.

Para que esse episódio seja bem compreendido, recomendo que quem tiver a oportunidade leia o livro *Enterrem meu coração na curva do rio*, de autoria do escritor norte-americano Dee Brown, em que, pela primeira vez, a saga das grandes tribos popularizadas pelo cinema é contada sob a visão dos vencidos. A leitura poderá ampliar o conhecimento da teoria segundo a qual um povo de raça superior foi proclamado pelo destino como o condutor e guia de outros povos inferiores. Qualquer semelhança com o nazi fascismo de Hitler e

Mussolini não deve passar de mera coincidência. Bem como toda a gama de suas consequências.

Transportando conceitos de tais naturezas para os dias de hoje, daí a fúria privatizante de todos os golpistas a exemplo de Michel Temer *et caterva*, agora voltando os olhos para o Aquífero Guarani, uma das maiores reservas mundiais subterrâneas de água doce, pretendido pela Nestlé ou Coca-Cola. Em janeiro de 2015, os jornais do mundo inteiro noticiaram que o presidente da Nestlé, o austríaco Peter Brabeck-Letmathe, quer privatizar a água do planeta e transformá-la em um produto como outro qualquer alimento (?), não se enquadrando como um dos direitos humanos. Brabeck teria dito também que seria necessário *privatizar o fornecimento da água para que tomemos consciência de sua importância e acabássemos com os desperdícios!*

Quanto a esperdiçar água eu e todo o mundo concordamos com ele, mas daí a dizer que a água não é um direito humano vai uma distância muito grande, a não ser que mister Brabeck mostre ao mundo um registro firmado *em cartório do céu e assinado embaixo: Deus*, de novo recordando o poeta-diplomata Vinícius de Moraes, provando a doação celestial. Com a chegada de Temer ao Poder, o assunto volta a ganhar dimensões. Isso confirma que o Brasil perde o seu *status* de Nação e somente pode crescer através da iniciativa privada, conforme o estudo do qual procuramos extrair tal capítulo buscando a integralidade da fidelidade para chegarmos à síntese.

A nacionalidade foi obtida a duras penas na Batalha de Guararapes. Começamos sendo explorados em função do pau-brasil. O nosso ouro e diamantes foram levados pelos colonizadores. A fé das mineradoras é tamanha que até hoje continuam a remover montanhas, principalmente as mineiras. E se não tomarmos providências, que não as doses de aguardentes que leva essa marca, citando outro poeta mineiro, Carlos Drummond de Andrade, seremos apenas *um retrato na parede*. Se algum vendilhão da Pátria não vender a foto ou tela, e, dependendo do caso, a moldura e o vidro.

Um episódio, entretanto, reacende fachos de esperança quando relembro fatos envolvendo a privatização da Companhia Vale do Rio Doce. Militares e políticos de divergentes facções ideológicas, a exemplo do brigadeiro do ar Ivan Frota, o ex-presidente, vice-presidente e governador de Minas Aureliano Chaves, e militantes de todas as vertentes de esquerda assinaram conjuntamente um manifesto chamado Novos Inconfidentes, protestando contra a desnacionalização de riquezas brasileiras a favor dos carteis internacionais. Os dois vendilhões da Pátria de plantão naquele momento respondiam pelos nomes de Fernando Henrique Cardoso e Mendonça de Barros, reconhecidos ladrões. Com a morte de Ciro Versosa, então presidente da Associação dos Sócios Minoritários do Banco do Brasil, não se sabe onde se encontra esse documento.

Para finalizar o capítulo, é recomendável citar que todos os integrantes mencionados do Grupo Sorbonne tiveram ativa participação no golpe civil militar de 1964 ocorrido no Brasil.

O PRAGMATISMO PERVERSO DE ANDREA

Foi em meio a esse clima ruim envolvendo o Novojornal que eu recebi um convite para escrever um livro biográfico e expliquei ao Marco Aurélio Carone que deixaria as funções exercidas no site para me dedicar à nova tarefa. Isso iria exigir de mim muito tempo em entrevistas, pesquisas e redação, tornando inviável a minha presença no site. Agradeci a oportunidade ao Marco e saí de lá com a sensação de estar incluído em novo mercado, léguas distante de outro tempo conhecido por mim, porém com a obrigação de aprender muito mais do que sei quanto às novas tecnologias.

Entretanto, para os formuladores da *Teoria da Falsidade* era preciso, ainda que ao custo da ilegalidade, retirar do ar o Novojornal, pois o tempo não para e as eleições de 2014 se avizinhavam velozmente. Fora do site fui saber isso depois. Andrea Neves aumentou o nível da pressão. Uma manhã estava Marco Aurélio Carone trabalhando em seu escritório quando *foi subitamente visitado* por Andrea Neves em pessoa, surgindo do encontro dos dois uma discussão bastante áspera, também assistida pelo desembargador José do Carmo, do TJMG. Andrea reclamou e ameaçou:

– Agora minha família está sendo prejudicada. Nós vamos prendê-lo e fechar o Novojornal.

Metodologia pouco condizente com um estado democrático de Direito. Na verdade, Andrea Neves estava apoquentada ao saber que matérias de alto conteúdo explosivo seriam publicadas. Ela, segundo Marco Aurélio Carone, havia descoberto que o Novojornal iria publicar reportagens documentadas e altamente preocupantes para ela, com o detalhamento do contrabando de nióbio, um metal que é fundamental nas pesquisas aeroespaciais e do qual o Brasil detém 92% da produção mundial. Isso principalmente na cidade de Araxá, região do Alto Paranaíba, em Minas Gerais, e São Gabriel da Cachoeira, no Amazonas, em terra reivindicada como *nação (?)* Yanomami. Sabe-se que esse grupamento tribal é nômade e vive cruzando as fronteiras existentes na região chamada Cabeça do Cachorro. Tribo, mesmo; Nação, só existe uma: o Brasil.

Para se ter uma ideia da importância do nióbio, cujo preço somente é comercializado em Londres, a então Secretária de Estado do Governo dos EUA Hilary Clinton, que perdeu as eleições para o republicano Donald Trump, declarou em entrevista, veiculada em todas as principais mídias do mundo, que a cidade de Araxá, um conhecido balneário mineiro com lama sulfurosa, bem como a sua água, além de ser considerada a terra da histórica figura de Dona Beja, *é área de interesse estratégico dos Estados Unidos da América do Norte*. Tudo bem se não fosse o governo de Washington dispor de uma lei que autoriza a Casa Branca a intervir com o emprego de sua formidável máquina de guerra em qualquer parte do mundo que seja considerada de interesse estratégico ianque. Capítulos acima vimos, de forma detalhada, como funciona esse esquema verdadeiramente colonial a exigir um profundo entrelaçamento democrático e cultural entre o Povo e as Forças Armadas Brasileiras. Essa última só pode existir com o apoio daquele, criando-se outro movimento capaz de unificar nacionalistas de todas as vertentes com vistas a um Brasil futuro com as suas próprias metodologias administrativas a dizer respeito aos interesses do nosso próprio povo. Inclusive com o controle democrático dos meios de comunicação – nunca ferindo a liberdade de imprensa ou o direito de expressão –, porém sem perder de vista os interesses econômicos inconfessáveis a beneficiar concessionários de mídias para quem os seus talões de cheque estão em primeiro lugar, sobrepondo-se aos valores pátrios. Um movimento não xenófobo capaz de repensar o Brasil para os brasileiros.

Quanto a Dona Beja – dado de curiosidade –, ela chamava-se na verdade Ana Jacinta de São José e nasceu na cidade de Formiga, Oeste de Minas. O apelido foi dado por sua avó em alusão a uma flor típica de região chamado *beijo*. Mocinha, ela foi levada à força para a cidade de Paracatu, no Noroeste de Minas, tornando-se cortesã dona de fortuna e é tema de livros, filmes e telenovelas brasileiras. Dona Beja à parte, que nunca se preocupou com a questão do nióbio e nem tinha por que fazer isso.

A movimentação do site Novojornal ia transcorrendo, com uma eleição presidencial batendo às portas do Brasil. Os desdobramentos relativos ao helicóptero capturado com 450 quilos de cocaína a bordo apavoravam a marqueteira Andrea Neves organizadora da propaganda de bom moço atribuída a Aécio Neves, em cujo currículo nada poderia aparecer manchando a sua reputação. Mais do que nunca, a *Teoria da Falsidade* precisava ganhar vida e forma, custasse o preço que custasse, mesmo sem um sentido lógico para tanta paura.

AMEAÇA FEITA, PROMESSA CUMPRIDA

Marco Aurélio Carone tinha 60 anos na época, sofria de diabetes e hipertensão arterial há mais de uma década. Há cinco anos sofrera o acidente narrado que lhe deixou sequelas e o obrigou a andar de bengala, posteriormente substituída por muletas, o que o faz se locomover com dificuldades. No dia 20 de janeiro de 2014, em temporada eleitoral – Dilma x Aécio Neves – às 6 horas ele chegou ao Novojornal para trabalhar e teve uma surpresa desagradável. O delegado Guilherme Santos, da Polícia Civil de Minas Gerais, lhe deu voz de prisão. O jornalista e publicitário narra que dois minutos depois, chegou o promotor André Luís de Pinho, que o perseguia, inclusive acusando-o de ter incendiado um carro da propriedade dele. Tudo em função de uma briga entre irmãos na qual Pinho estava envolvido e que acabou sendo notícia. Ele *lhe propondo assinar um documento de delação premiada*. Se tivesse aceitado, seria libertado na mesma hora. Mas como se recusou, Carone foi conduzido primeiro para o Centro de Remanejamento do Sistema Prisional – Ceresp –, no Bairro Gameleira, em Belo Horizonte, e na delegacia foi deixado em uma sala sob guarda. No dia 21, ele passou mal no presídio e foi levado para a Unidade de Pronto Atendimento – UPA – mais próxima, a UPA Oeste. No dia 23, teve alta e voltou para o presídio. O doutor Edson Donato, médico da unidade presidiária, se recusou a recebê-lo. Fez um relatório alertando a direção quanto à gravidade do caso.

"Hipertensão arterial maligna + diabético tipo II de difícil controle com medicamento, susp – abreviatura de suspeita (?) – de *angina pectoris* e necessitando de uso rigoroso dos medicamentos, em horários rigorosos. Paciente com risco de vida nesse presídio sem condições de permanecer devido às precárias condições de assistência médica".

Entre idas e vindas à enfermaria, chegou a ser levado de novo para a UPA Oeste, mas como portador de plano de saúde da Unimed, conseguiu ser transferido para um hospital da rede, o Biocor, na região chamada Seis Pistas, Zona Sul de Belo Horizonte, quase divisa com a cidade mineira de Nova Lima. O doutor Edson Donato fora preciso no diagnóstico. No início da madrugada de sexta-feira, 24 de janeiro, o quadro de saúde de Carone se agravou. Ele teve infarto. Foi para o CTI do Biocor e, na tarde da terça-feira, dia 28, foi transferido para um dos quartos do hospital. Preocupados, os deputados estaduais Rogério Correia e Durval Ângelo, ambos do PT, acompanhados de um representante da OAB-MG trataram de ouvi-lo cedo. Durval era então o presidente da Comissão de Direitos Humanos da Assembleia Legislativa. No interrogatório pode ser notado, na gravação da conversa, que o prisioneiro político respira com dificuldade. A pressão arterial do Carone estava 24 por 10. Ele havia passado a noite no respirador artificial, devido à falta de ar, informou Durval, acrescentando:

– A saúde dele está muito fragilizada.

Na tarde do mesmo dia, os dois deputados estaduais tiveram audiência com o presidente do Tribunal de Justiça de Minas Gerais, desembargador Joaquim Herculano Rodrigues, solicitando a intervenção dele para que o jornalista Carone não voltasse ao presídio, por não ver também sentido na prisão preventiva. Argumentaram que se não fosse possível revogar a prisão, que ele a cumprisse em prisão domiciliar. Os parlamentares não foram atendidos. Tempos depois, sem explicações, o desembargador Joaquim Herculano aposentou-se quando ainda faltavam cinco anos para ele cair na compulsória. Prazo esse ampliado depois com a chamada PEC da Bengala, aumentando em mais cinco anos – 75 – o prazo da expulsória, visto por muitos como o primeiro sinal de um golpe judicial contra a presidente eleita Dilma Rousseff. Não fosse isso, ela nomearia cinco membros do STF. O jornalista e publicitário, ao deixar o Biocor, voltou à Penitenciária Nelson Hungria. A princípio na enfermaria. Mas em tempo conveniente para os donos do Poder de então, ele voltou à cela comum.

Lógico que ao se ver preso, Carone, mesmo sendo publicitário e tendo registro de jornalista profissional, não reclamou para si nenhum tipo de regalia. E os seus colegas prisioneiros logo identificaram nele um homem que não havia cometido qualquer infração, mas que por uma razão cujas origens eles não sabiam, estava trancafiado. Carone conta que por volta da hora do infarto que o acometeu e ele começou a passar mal, *o Cerespe quase veio abaixo de tanto que os meus colegas de infortúnio gritaram e esmurraram as grades até chamar a atenção dos guardas penitenciários que tomaram conhecimento do que acontecia e eu foi socorrido. Aqueles homens salvaram a minha vida e a eles sou eternamente grato.* Carone acrescentou:

– O deputado Rogério Correia advertiu que se eu viesse a morrer, a responsabilidade seria do Estado; e o advogado

Hernandes do Alecrim chamou a atenção que eu era tratado *com medicação inadequada*.

Os episódios coincidem com as ameaças então feitas pela primeira irmã Andrea Neves, de que se sentia intimidada em função do envolvimento dos familiares dela com inúmeras trapaças. Porém, a *Teoria da Falsidade* andava a todo vapor. Quando gravou um depoimento para os dois parlamentares citados, ainda no leito, Carone ligou sua prisão às matérias sendo preparadas. Inclusive relativas ao helicóptero preso no estado brasileiro do Espírito Santo com 450 quilos de pasta base de cocaína, a Lista de Furnas e a conta *Marília*, no paraíso fiscal de Liechtenstein – Bogart & Taylor. Disse:

– Tinha um pessoal me pressionando pra eu ir na delegacia depor num processo em que são partes Dino Miraglia, eu e o Nilton Monteiro.

Dino Miraglia é o advogado citado em capítulo anterior deste livro. Em entrevista exclusiva ao Viomundo, ele voltou a dizer que a morte da modelo Cristiane Aparecida Ferreira tem ligação com o Mensalão Tucano Mineiro. Nílton Monteiro, também preso na Nelson Hungria, em Belo Horizonte, foi o delator dos mensaleiros. Em entrevista exclusiva ao site Novojornal, ele disse ser um homem *com medo de morrer, perseguido por Aécio Neves*. Posteriormente, quando outro site, Diário do Centro do Mundo (DCM), através do sistema de *crowdfunding*, em trabalho de fôlego do repórter investigativo Joaquim de Carvalho se aprofundou mais na questão, tais episódios voltaram a ser abordados e confirmados.

Uma denúncia falsa dizia existir um pacto entre Carone, Dino Miraglia, eu e Nílton Monteiro. O Dino criava o fato político, o

Nílton Monteiro falsificava o documento, e Carone o divulgava através do Novojornal. Como Pilatos no credo, eu era mentor. Da primeira vez, Marco Aurélio chegou a comparecer a uma delegacia de polícia e dizer que nenhuma acusação correspondia à verdade. Ele nada tinha a ver com Newton Monteiro, apenas o entrevistava, como uma ou três vezes também eu o fiz, e o Dino Miraglia tinha sido advogado dele, mas havia renunciado a todas as causas.

O certo é que na sexta-feira, dia 17, o Novo Jornal estava fechando uma matéria sobre o possível envolvimento de parentes do Aécio com o helicóptero do deputado estadual Gustavo Perrella (SDD), flagrado com 450 kg de pasta base de cocaína, em novembro de 2013, no Espírito Santo. Porém na segunda-feira ele foi preso às seis horas da manhã, na porta do seu escritório. Não houve tempo para publicar o primeiro depoimento do piloto do equipamento ao primeiro juiz que o ouviu.

Foi quando o promotor André Luiz entrou em cena e comunicou a Carone ele ter *mexido onde não devia mexer*:

– Você mexeu com a Delegacia de Crime Organizado, cara, e agora você vai ver o que tem para você.

– E, aí, citou as matérias que eu (Carone) coloquei do Aécio Neves, da *overdose*, e da morte da modelo. Ainda valendo a proposta de liberdade em troca das acusações às pessoas que ele queria se houvesse disposição para assiná-las.

Além do mais o promotor André Pinho, o mesmo que o denunciou, não gosta de Carone por causa da matéria feita com o irmão dele, André, *portanto sem isenção para se envolver num processo de tal natureza*. Marco Antônio Garcia de Pinho, um ex-policial, havia procurado o deputado estadual Durval Ângelo – PT/MG – então presidente da Comissão de Direitos Humanos da ALEMG, duas vezes. Ele contou que a autoridade estava *passando outros irmãos para trás numa questão de herança. Que havia sido vítima de prisão ilegal armada por ele que estava usando o cargo de promotor para persegui-lo*. Disse inclusive que *nem o pai queria vê-lo*. O caso foi enviado para a Corregedoria da Promotoria a fim de ser apurado. Ao mesmo tempo, Marco Antônio procurou também o Carone, que fez uma matéria a respeito.

– O promotor André Pinho não tem isenção para atuar no caso, é suspeito. Contra ele, aliás, correm três denúncias no Conselho Nacional do Ministério Público.

O Viomundo, na ocasião, contatou o Ministério Público de Minas Gerais para ouvir o promotor sobre essas acusações e a proposta de delação premiada feita ao jornalista Marco Aurélio Carone. André Pinho, via assessoria de imprensa do MPMG, disse não se manifestar sobre o caso em função de o mesmo *já estar judicializado*.

A jornalista Conceição Lemes, do Viomundo, na ocasião narrou com riqueza de detalhes o depoimento de Marco Aurélio prestado aos deputados Durval Ângelo e Rogério Correia, ambos do PT. Na Justiça, o delator do mensalão mineiro, Nilton Monteiro, preso antes, Carone e o advogado Dino Miraglia estavam acusados de formar quadrilha com o objetivo de disseminar documentos falsos, inclusive por meio de um endereço na internet, com o objetivo de extorquir acusados. Os dois primeiros estavam presos quando ocorreu busca e apreensão na casa do advogado Miraglia. Eram pedras nos sapatos dos tucanos.

Nilton é testemunha nos casos do Mensalão Tucano Mineiro e da Lista de Furnas, esquemas de financiamento de campanha do PSDB nos anos de 1998 e 2002. Carone mantinha o site Novojornal. Dino, já citado, foi auxiliar de acusação da família da modelo Cristiane Aparecida Ferreira. E sustenta que ela era a intermediária que carregava dinheiro vivo no esquema do Mensalão de Minas e levou a denúncia ao STF. Desde a prisão de Carone, o bloco parlamentar de oposição a Aécio na Assembleia, Minas Sem Censura, vinha denunciando a prisão preventiva dele como armação relacionada com o tal esquema e a Lista de Furnas no âmbito das eleições de 2014. O mesmo bloco denunciou variáveis de um complô envolvendo o Executivo mineiro, setores do Judiciário e o MP de Minas, contando, é lógico, com o sepulcral silêncio da dita grande mídia. Preso, Carone devia *cuspir os feijões* e incriminar muita gente, inclusive eu. Era o chamado *Plano A*.

O hoje governador mineiro, Fernando Pimentel, na ocasião ministro da Indústria e Comércio, já não era mais bem visto no ninho tucano e encabeçava a lista em companhia dos deputados estaduais Rogério Correia e Durval Ângelo, ambos do PT, e Sávio Souza Cruz, do PMDB. O ambicioso projeto arquitetado envolvia ainda o ex-deputado federal do PC do B de São Paulo então licenciado da Polícia Federal, Protógenes Queiroz, hoje asilado na Suíça e o seu superior Luís Flávio Zampronha, na mesma época responsável pelo relatório do Mensalão Tucano. E foi aí que a exemplo de Pilatos, sem nada saber, eu entrei no Credo. Vale a pena dizer repetir. Já estava há sete meses afastado do jornal produzindo o livro que me fora encomendado por um primo, o coronel reformado do Exército Brasileiro Paulo Rubens Pereira Diniz. Por coincidência, escrevi esse capitulo na noite do dia 31 de outubro de

2016, Festa de Halloween, mas Andrea Neves estava mesmo era para assustar e até eliminar adversários.

Em seu caldeirão de bruxa, ela queria o sangue dos adversários. A lista era muito mais extensa: William Santos, advogado, integrante da Comissão de Direitos Humanos da Ordem dos Advogados do Brasil – seção Minas – OAB-MG; Simeão Celso de Faria, funcionário do gabinete do deputado estadual Rogério Correia (PT), Álvaro Souza Cruz, procurador da República em Minas Gerais, irmão do deputado estadual Sávio Souza Cruz (PMDB), e o prefeito de Visconde do Rio Branco, Iran Silva Couri, do PT.

Voltando a Fernando Pimentel, o mesmo foi cogitado de ser também o financiador do site, através da empresa HAP. Envolvidos ainda o ex-presidente da Assembleia Legislativa mineira, deputado Diniz Pinheiro, mais alguém da Polícia Civil de Minas Gerais, um rapaz de quem Carone não recorda o nome, e, finalmente, dois dos mais sérios e respeitados promotores de Minas Gerais, Eduardo Nepomuceno e João Medeiros. No final de 2016, consumado o golpe contra Dilma Rousseff e a ascensão do usurpador Michel Temer, por unanimidade, o Conselho Nacional do Ministério Público acabou punindo o promotor Eduardo Nepomuceno, afastando-o das suas funções e deslocando-o para outra área, o que gerou uma onda de protestos nas redes sociais. Na conversa gravada com os deputados e o representante da OAB, Carone contou que, em vários momentos, tentou mostrar ao promotor André Pinho que ele estava enganado, inclusive argumentando:

– Doutor, nesse inquérito sou eu, Nílton Monteiro e o Dino Miraglia – já falei...

Como resposta, ouviu:

– Dino Miraglia não bancou o idiota não, já caiu fora. Falta você cair fora e deixar essa turma ir para o buraco. Só tem filho da puta.

O promotor arrematou dizendo que todos seriam presos.

De novo argumentou Carone:

– Eu virei pra ele e disse: – O senhor está enganado. Primeiro, porque eu não conheço o Protógenes.

– Eu sei que você não conhece o Protógenes. O Protógenes é através do Geraldo Elísio, que trabalhou no Novo Jornal.

– Mas eu também não conheço o Zampronha...

– O Zampronha era através do Protógenes que veio para você...

Depois de tudo passado, em muitas conversas com o Carone, ele me confirmou tais dados registrados nestas páginas, acrescentando que o roteiro estava ligado aos interesses de Andrea Neves e do senador golpista Aécio Neves em saber detalhes ligados ao Mensalão Tucano Mineiro e a Lista de Furnas, bem como se inteirar de quais eram as fontes do Novojornal. Quando se convenceu de que Carone não assinaria o documento, o promotor André Pinho perdeu as estribeiras e o ofendeu moralmente por muito tempo com palavras de baixo calão. Carone me contou ainda que, além de ser responsabilizado pelos contatos com o ex-delegado e deputado federal Protógenes Queiroz, eu seria incriminado em delação premiada como mentor intelectual da inexistente quadrilha construída a partir dos cérebros loucos e irresponsáveis interessados em livrar a cara de Aécio Neves de suas trapalhadas, mantendo perante o Brasil a imagem de um bom moço em vez do *bad boy* que ele é.

Carone não se esqueceu de informar aos deputados Durval Ângelo e Rogério Correia a intenção do grupo aecista em prender também o jornalista Leandro Fortes, da Carta Capital que, no exemplar uso da sua missão profissional, era dos poucos a denunciar os fatos que ocorriam em Minas, assim como outros minguados colegas que não se intimidaram. André de Pinho, autor do pedido de prisão preventiva, já era alvo de denúncia no site do próprio preso. Carone fez essas e outras revelações a Rogério Correia, Durval Ângelo e ao advogado Vinícius Marcus Nonato, representando a OAB-MG. Eles o ouviram no Hospital Biocor, onde ficou internado de 23 a 28 de janeiro, sob vigília policial. Carone recusou a delação premiada:

– Sou filho de pai e mãe cassados, vou morrer, não tem problema. Mas de mim eles não conseguem nada, em hipótese alguma.

MOVIMENTAÇÃO DIFERENTE

Danilo, o rato, já estava acostumado com a rotina da Nelson Hungria, entra e sai de muita gente, inclusive prisioneiros que ali faleciam sendo colocados em rabecões, coisas sobre as quais ele, escondido em sua toca, era aconselhado a ficar bem quietinho. Às vezes se assustava com disparos eventuais de armas de fogo, insultos e imprecações. Quando chegavam novos habitantes para o lugar, a barra ficava mais pesada. Principalmente se os presos estivessem feridos e ali fossem deixados à míngua para *subir*. Em determinado dia, sentiu uma movimentação anormal e resolveu ficar mais quieto ainda em seu esconderijo.

Mas a fome, má conselheira, tocava o seu estômago. Além do mais, ele e os seus têm uma necessidade premente de roer para evitar um crescimento exagerado dos dentes. Provavelmente nunca soube que espécimes de roedores bípedes se esmeram para obter dentes cada vezes maiores e abocanhar tudo o que podem e principalmente o que não podem. Se puderem, até se transformam em tratores com lâminas D-8. Ou tatuzões, máquinas usadas para perfurar túneis.

Depois, estando calmas as aparências, ele resolveu entrar na cela mal iluminada, com o cheiro do descuido que não o incomodava, mas fazia quem eventualmente estivesse ali não se sentir confortável, nem mesmo os vigias. E deparou com o homem que não se assustou com a sua presença e ainda por cima começou a emitir sons que ele nada entendia. Não compreendia, mas ficava escutando de orelhas em pé.

E qual não foi a sua surpresa quando foi presenteado com uma côdea de pão. Verdade que tinha de levar em consideração que naquele ponto do presídio – nunca ele soube que se chamava assim e que o cubículo atendia pelo nome de solitária – *coque* – as coisas eram mais calmas. Menos para os corações e mentes dos que ali ficavam. Não cabia a ele filosofar e sim comer a côdea de pão. E sendo bem tratado, passou a voltar todos os dias, somente levando um susto no dia em que o guarda pensou estar outra pessoa na cela a conversar com o homem e abriu a porta fazendo-a ranger e soar as chaves, coisas que igualmente ele não sabia como se chamavam e nem interessava saber. Suas premonições haviam ocorrido.

Ratos de qualquer natureza não frequentam divãs de analistas e nem sonham com Freud ou Lacan. Por isso, Danilo nunca veio saber que os estranhos diálogos eram uma forma de fuga da solidão e até inconscientemente uma fuga da loucura que uma forma intensa de isolamento pode gerar, principalmente quando a injustiça envolve as circunstâncias. Ao rato bastavam as côdeas de pão.

IRRESISTÍVEL DIURESE

Os mentores da *Teoria da Falsificação* precisavam agir rápido, pois o tempo não espera por ninguém e tem uma velocidade irrefreável, o que de fato nada importa, se não fosse esse mesmo tempo, ao passar, nos carregar com ele. À medida em que o calendário ia avançando infinito afora, mais se avizinhavam as eleições de outubro de 2014.

Ainda na Nelson Hungria, um dia Marco Aurélio Carone, em meio a menores formalismos, recebeu outra proposta de delação premiada envolvendo os mesmos nomes propostos pela primeira vez pelo procurador de chifres em cabeça de cavalo André de Pinho. De qualquer forma, era necessário provar que as provas das denúncias formuladas pelo Novojornal eram falsas e convencer os brasileiros de que Aécio Neves não é um *bad boy*. Afinal, com eleições não se brinca e, para muitos dos interessados em ver o atual senador mineiro presidente da República, a ficha já havia caído, constatando eles o peso das redes sociais e dos blogs e sites disponibilizados na internet. Já fazia muito tempo que Marco Aurélio estava preso sem culpa formada. Sem nada legal a justificar o cerceamento da sua liberdade. Até mesmo deputados integravam a comitiva.

Nessa prisão, antes da solitária, ele teve a oportunidade de conviver por pouco tempo com o publicitário e lobista Marcos

Valério, operador dos mensalões petista e tucano, agora transferido para uma unidade prisional especial (PAC), localizada na cidade mineira de Sete Lagoas, distante 67 quilômetros da Capital, Belo Horizonte, bem como com o empresário e ex-deputado estadual Marcelo Caetano de Melo. A esse tempo, Marcelo, que foi um dos fundadores do PSDB em Minas, dispôs de espaço, segundo Marco Aurélio, para desabafar todas as suas mágoas contra os tucanos, principalmente contra o ex-governador Eduardo Azeredo. Caetano atribuía a Azeredo *uma feroz perseguição em virtude de não perdoar a ele ter se desvinculado da tucanalha e denunciar a privatização da Companhia Energética de Minas Gerais – CEMIG – que estranhamente passou ao domínio de um grupo minoritário de posse das ações compradas, operação que no futuro pretérito acabou revertida pelo ex-governador Itamar Franco.*

Três meses depois de solto, o ex-parlamentar faleceu vitimado por um infarto do miocárdio. Não falta quem diga que ele foi libertado *para morrer em casa*. Na mesma ocasião prenderam o líder sindicalista professor Luís Carceroni, porém ao receber voz de prisão, ele teve um ataque cardíaco fulminante. Era muito ligado a Marcelo Caetano.

A primeira denúncia de que a Centrais Energéticas de Minas Gerais (CEMIG) estavam passando por um processo de privatização branca foi formulada muito antes pelo hoje deputado federal mineiro Bilac Pinto, ao tempo em que ele era deputado estadual governista. Por coincidência, tão logo terminei de ouvir Bilac, na porta da Assembleia, encontrei-me com o então vice-governador Walfrido dos Mares Guia e o secretário da Fazenda aquela época, João Heraldo, que desmentiram as informações. Bilac Pinto nunca mais voltou a abordar a questão. Retroajamos atrás no tempo, pois nessa ocasião eu ainda integrava os quadros da Rádio Mineira, em sua última fase.

Ainda em período eleitoral contra Azeredo, vencida pela dupla Itamar/Newton Cardoso, o ex-presidente da República deu início a uma série de denúncias relativas ao Mensalão Tucano Mineiro que até hoje tira o sono de muita gente, O Procurador Geral da República, Rodrigo Janot, depois de décadas solicitou à Justiça mais de 20 anos de prisão para Azeredo, mas ele nunca foi julgado. Como está próximo de completar 70 anos, é provável que tudo venha prescrever e ele possa continuar tranquilamente a exercer o seu atual trabalho no âmbito da Federação das Indústrias de Minas Gerais – Fiemg –, onde percebe um salário faltando pouco para chegar a 50 mil reais.

Marco Aurélio recebeu também quando estava detido, o que comentamos parágrafo acima, um grupo de parlamentares tucanos, segundo ele *liderados pelo deputado federal Domingos Sávio, PSDB de Minas, que tem sua principal base eleitoral na cidade de Divinópolis, no Oeste do Estado*. Quando lhe foi proposto assinar o documento da delação premiada, contou-me Marco Aurélio, na presença de delegados, ele de caso pensado concordou, pediu o documento e alegando uma premência de diurese, urinou sobre a papelada, deixando claro que não implicaria pessoas inocentes em um plano tão diabólico. O gesto resultou em coronhadas de armas em sua boca, quebrando-lhe os dentes e infringindo os direitos humanos. As eleições já estavam próximas e de repente ele foi transferido para a solitária – coque – da Nelson Hungria, onde permaneceu por pelo menos três meses. Além de tal motivo, um outro gesto de minha parte.

É claro que eu acompanhava, através de amigos, tudo o que ocorria em relação a Carone. Porém, um dia fui informado pelo então presidente do Sindicato dos Jornalistas Profissionais de Minas Gerais – SJPMG – Kerison Lopes que uma equipe de TV ligada à campanha da então presidente Dilma Rousseff queria gravar comigo. Concordei e no dia aprazado o grupo de *marketing* me ouviu. Quando a matéria editada foi ao ar no horário da propaganda eleitoral gratuita – a primeira vez no horário do almoço e a segunda no período noturno – em rede nacional, o brasileiro tomou conhecimento de quem na realidade era o candidato Aécio Neves. A gravação só foi ao ar duas vezes, tendo o setor jurídico da campanha de Aécio solicitado ao Tribunal Superior Eleitoral retirar a peça publicitária do ar. E foi atendido. Isso ampliou o prazo para Carone continuar a alimentar a insólita companhia de Danilo com as côdeas de pão nas frias noites vividas pelo prisioneiro político dos tucanos mineiros. E de acordo com o doutor Tancredo Neves, em seu discurso de posse como governador do estado, *o primeiro compromisso de Minas é com a liberdade.* Apavorada, a *tucanalha* julgava que mesmo preso e sem nenhum contato comigo, Carone continuava a me informar.

Nunca mantive um contato sequer com Marco Aurélio Carone enquanto ele esteve preso, mas a paranoia era tão grande que a minha participação no programa eleitoral gratuito foi atribuída a informações repassadas por ele. Como se eu não conhecesse de longa data as peripécias da dupla Bonnie & Clyde de Minas Gerais.

ERAM *OS HOME*

Na mesma manhã da prisão de Marco Aurélio Carone, por volta de 8 horas e 45 minutos, eu conversava em minha casa com a minha irmã, Isa Bernardina, que havia ido me visitar. Não sabia de nada do acontecido. Tomávamos um café quando o interfone tocou. Atendi e disse:

– Pois não.

A voz de um homem indagou:

– Geraldo Elísio está?

– Sim. Sou eu que estou a falar com o senhor.

– É possível que o senhor venha ao portão?

– Claro, já estou indo.

Pensei ser o carteiro. Pedi licença à minha irmã e fui atender. Dia quente, estava vestido com um short, sem camisa e calçava sandálias havaianas.

Foi quando divisei uma viatura da Polícia Civil de Minas Gerais parada na porta do prédio. Um jovem delegado liderava um grupo de mais três investigadores, aos quais cumprimentei com polidez e os convidei a entrar, ocasião em que fui informado aquela autoridade estar de posse de um mandato judicial autorizando a busca e apreensão de meu *netbook*, *pen-drives*, HD externo, agendas telefônicas, e mais outros objetos que pudessem ser úteis a uma investigação desenvolvida. Convidados a entrar e se sentirem em casa, deixei-os à vontade para cumprirem suas obrigações, sem mesmo me preocupar com o mandato judicial, porém o jovem delegado, o primeiro nome dele parece ser Adriano, fez questão que eu visse a autorização. Estava absolutamente calmo e percebi que a Isa ficou um pouco preocupada, mas terminou por se acalmar diante da minha calma.

Os policiais, repito, bastante polidos, no interior da minha casa tiveram as suas atenções despertadas para meu diploma referente ao Prêmio Esso Regional de Jornalismo, em 1977 – denunciando as torturas sofridas pelo operário Jorge Defensor Vieira, ainda ao tempo da ditadura civil militar de 64, quando ainda existia o AI-5 e ele foi barbaramente espancado por policiais civis; dois Diplomas Bis Excelência – que me foram concedidos pela mesma Polícia Civil de Minas Gerais por relevantes serviços prestados à instituição; e a Medalha Gilberto Porto, grau ouro, a maior insígnia da PCMG – pelas mesmas razões, quando trabalhei nos CESPEs e Acadepol no já referido projeto visando aumentar os graus de uma Polícia Cidadã e respeito aos Direitos Humanos, em vista das novas posturas internacionais e nacional. Eles se impressionaram com as condecorações e um policial me indagou:

– O senhor tem a Medalha Gilberto Porto?

– Sim. Com muito orgulho. O senhor também tem?

Ele respondeu que não e eu mudei de assunto.

Deixei-os à vontade, pedi licença a minha irmã para dar-lhes atenção e só então fui saber das razões de tão inusitada visita. Eu estava sendo acusado de "*pertencer a uma quadrilha de falsificadores de documentos para incriminar e chantagear autoridades mineiras*". Era o projeto de desconstrução das denúncias publicadas pelo Novojornal e o desesperado desejo de provar que a documentação apresentada sobre qualquer matéria – PDFs – *eram falsas*. Sempre educados, olharam o que quiseram sem a minha interferência e acabaram por levar dentro de um envelope pardo o meu *netbook*, alguns *pen-drives*, o HD externo e agendas telefônicas de papel guardadas somente em função do valor sentimental das mesmas por conter telefones dos poetas Carlos Drummond de Andrade e Thiago de Mello, fontes políticas como o general Golbery do Couto e Silva, Carlos Prestes, escritor e escritora Roberto Drummond e Lygia Fagundes Telles, advogados Raymundo Faoro, Aristóteles Atheniense, Sobral Pinto, Sidney Safe, Márcio Thomas Bastos e políticos do porte do doutor Ulisses Guimarães, Tancredo Neves, Francelino Pereira, Marco Maciel, Divaldo Suruagy, além de inúmeros artistas, entre os quais Milton Nascimento, Clara Nunes e Gonzaguinha. Enfim, importantes fontes ao tempo de meus trabalhos no jornalismo analógico. Um dos investigadores, sinceramente impressionado com o meu acervo e a minha tranquilidade, me chamou à parte e indagou:

– Por qual razão estão querendo envolver o senhor nessa trapalhada toda?

E me olhou fixamente nos olhos. Olhando-o da mesma forma, bati com uma das mãos levemente em seu ombro e respondi:

– Meu amigo... Eu também gostaria muito de saber!

Ele meneou a cabeça como se admitisse eu não entendo – e se despediu de mim. Perguntei ao delegado se devia acompanhá-los e ele disse que não. Tão logo saíram, o meu celular tocou. Atendi e do outro lado da linha falei com a senhora Nísia Cristina, filha de Marco Aurélio Carone, me contando que o Novojornal tinha sido invadido e *empastelado* e que o pai dela havia sido preso. Indagou-me o que eu poderia fazer. Passei imediatamente a me preocupar com a integridade física de Marco Aurélio Carone. Tomei um táxi e pedi ao motorista que se dirigisse para a Assembleia Legislativa de Minas Gerais. Procurei o então presidente da Comissão de Direitos Humanos, Durval Ângelo (PT), mas ele não estava na Casa. Dirigi-me para o escritório do também petista Rogério Correia. Não quis procurar nenhum dos inúmeros advogados amigos que conheço e com os quais mantenho amizades sinceras para não envolvê-los em situação tão delicada.

Eu sabia que Dino Miraglia e William Santos já viviam atormentados pelos *home*. Dino Miraglia teve, em função dos problemas, um casamento de 26 anos destruído. Hoje mora em uma praia no Espirito Santo. Felizmente Rogério Correia estava em seu gabinete e tomou as providências necessárias para que a minha integridade física e a de Carone fossem preservadas. Junto com Durval Ângelo, a entrar em ação tão logo informado por Rogério Correia. Acredito algumas dessas ações narradas no mesmo dia às autoridades e outras depois.

Imediatamente, de um computador do gabinete do deputado Rogério Correia, postei o acontecido em minha página do Facebook, e as redes sociais em resposta imediata explodiram de solidariedade. A mídia tradicional no mesmo dia e no seguinte noticiou a prisão de Carone e a estadia dos policiais em minha casa. O promotor André de Pinho, do Ministério Público de Minas Gerais, dera entrevista coletiva à imprensa anunciando haver solicitado ao juiz da 2ª Vara Criminal de Belo Horizonte a prisão de Marco Aurélio, do lobista Newton Monteiro, do advogado Dino Miraglia Filho e a apreensão em minha casa dos equipamentos citados, em função de pertencermos à *quadrilha* responsável pela *falsificação de documentos* e *chantageamento* de autoridades, o que resultava na movimentação de um milhão de dólares anuais. A prisão de Dino Miraglia se revestiu de cenas cinematográficas, com helicópteros policiais sobrevoando a casa dele, grupos de elite ultra-armados e a presença também de cães policiais. No caso do advogado, de forma discreta, a Ordem dos Advogados do Brasil – OAB/MG – interveio e a situação foi resolvida, mas custou a Dino a separação de sua ex-esposa, desfazendo um casamento de 26 anos, como foi dito.

Em minha casa, eles fizeram uma relação de objetos levados perante testemunhas legais, mas nada me mostraram. E pior, não deixaram uma cópia comigo, tampouco da ordem judicial, nem cópia bit-a-bit, como prescreve a Lei, do conteúdo do material eletrônico levado. Denunciei: esses atos são obra de Andrea e seu irmão senador Aécio Neves – PSDB-MG – para tentar desqualificar a Lista de Furnas e o Mensalão Tucano Mineiro, para que não entrem em julgamento no STF. A declaração foi feita ao Viomundo. Na ocasião, o deputado Rogério Correia comentou perplexo:

– É estranho uma ordem de busca e apreensão na residência do jornalista Geraldo Elísio. Evidencia o caráter de censura da operação em curso.

E houve uma denúncia pública do bloco Minas Sem Censura, integrado por PT, PMDB e PRB:

"O bloco parlamentar Minas Sem Censura vem a público mais uma vez registrar sua perplexidade e sua indignação com mais essa atitude do Judiciário mineiro, no caso do Novo Jornal.

A ordem de busca e apreensão expedida contra o diretor proprietário do Novo Jornal e contra o repórter Geraldo Elísio configura mais um absurdo do caso.

Depois de vários dias da prisão de Carone, sem fato concreto que pudesse incriminá-lo, vasculhar sua residência e a de Elísio, só tem sentido como ato de intimidação.

Se a credibilidade dessa atípica atitude de censura já era mínima, agora chega ao limite da desmoralização. Não conseguindo forjar a delação premiada, só restou essa truculência: busca e apreensão.

Qual será a próxima ousadia? Qual a credibilidade de supostas provas que eventualmente apareçam?

Invadir casas de jornalistas é um precedente perigoso. Em Minas não se respira liberdade.

Na verdade, nesse 31 de janeiro de 2014, Minas sofreu um atentado à liberdade de imprensa digno dos tempos da ditadura civil-militar no Brasil".

Do meu celular telefonei também para Brasília e falei com o então deputado federal Protógenes Queiroz, expondo a ele todos os acontecidos. Na noite da mesma segunda-feira, dia 20, ele disse publicamente que "*para prender o jornalista Marco Aurélio Carone, crítico forte da gestão do PSDB, em Minas Gerais, a Polícia Federal também meteu grampo telefônico no jornalista Geraldo Elísio*" e nele próprio Protógenes Queiroz, conforme postagem no Google do jornalista Cézar Alves, paraibano de Catolé do Rocha, na Paraíba, desde 1988, com residência fixa em Mossoró, no Rio Grande do Norte, graduado em Comunicação Social, com habilitação em Jornalismo, pela Universidade do Estado do Rio Grande do Norte – UERN –. Segundo esse colega, Protógenes "*comunicou o fato ao procurador da república*" e acrescentara que iria pedir explicações as autoridades.

GRANDE SURPRESA

Já comentamos muitos pensarem ser o PT o financiador do site. Outros acreditavam que o dinheiro provinha do ministro Fernando Pimentel. E outros ainda que saía do bolso do senador paulista José Serra, especialista em dossiês. Na verdade, era a irmã do senador Aécio Neves quem *bancava* o jornal virtual. Um pequeno roteiro para os leitores acompanhar e entender o que ocorreu. Se Tancredo Neves sempre se utilizou da amizade com Carone para retirar de enrascadas o seu neto Aécio, no Rio, o ex-governador de Minas e atualmente senador alcunhado *Golpécio*, natural teria sido tal relacionamento ter mão e contramão. Mas assim não o foi. Mas Carone procurou Andrea.

Quando Newton Cardoso se elegeu para o Palácio da Liberdade, em 86 do século passado, o jornal *O Diário de Minas* pertencia ao jornalista Paulo Nassif. Nassif lhe vendeu o tradicional matutino constante da história do jornalismo mineiro, por onde passaram também Roberto Drummond, Henrique Filho – o Henfil –, Urias Botelho, Eliseu Lopes, Álvaro Hardy – Veveco, Dinorah do Carmo, Ângelo Prazeres, o fotógrafo *comendador* José Raimundo, Délio Rocha, J. D. Vital, Alcindo Ribeiro e tantos outros nomes históricos. Aliás foi o Roberto Drummond quem descobriu o Henfil e o aconselhou a adotar o nome artístico com o qual ele se consagrou, alegando *ficar chique, parecendo francês*. Newton, segundo Marco Aurélio, comprou o prédio da Praça Raul Soares, ficando ele com o título. Desavenças no futuro pretérito com os governadores Newton Cardoso, Hélio Garcia e Eduardo Azeredo levaram *O Diário de Minas* a ser fechado, o mesmo acontecendo com outro diário de propriedade dele, o *Jornal de Minas*.

A gráfica que antes foi montada por Carone, bancada por T Janer, imprimiu todos os folhetos denunciando irregularidades praticadas por Eliseu Resende, em 82. Inclusive os panfletos com a estampa do cheque denunciado por Hélio Garcia, no valor de 15.000.000.00 – números da época –, a troco de *muito dinheiro* e com *muito custo* publicada na capa do jornal *O Estado de Minas*. Resende havia pedido ao povo mineiro, na cidade sulista de Machado, para rejeitar seu opositor por ele *ser velho*. Polido, Tancredo argumentou: *Acima de 80 anos Churchill salvou a Inglaterra de Hitler.* Contundente, Hélio afirmou: *Eliseu é um corrupto infante.* Toda essa virulência de campanha não impediu Aécio Neves, o neto de Tancredo a lançar Eliseu Resende candidato ao Senado da República, tendo como suplente Zezé Perrella, que assumiu ao falecer no cargo o titular. Janer, Tancredo e Walter Moreira Salles moravam num mesmo prédio na Avenida Atlântica, em Copacabana, Rio de Janeiro. Moreira Salles domina o nióbio de Araxá, tema de outro escândalo pesado a envolver os menino e menina dos Neves. Carone estava sem saber como sobreviver.

Andrea Neves se mostrou sensibilizada com a questão e indagou a ele se *tinha algo para vender*. Carone respondeu dispor de um título de jornal, ouvindo, segundo ele, outra pergunta:

– Isto vale muito?

Ao responder que sim, fecharam o negócio. O Novojornal foi montado e deu início à sua história. A publicação das matérias *incômodas* para o Palácio da Liberdade à medida em que elas foram surgindo, incomodando. A princípio com um número baixo de *views*, mas que foram aumentando em crescente exponencial, da mesma forma como iam sendo ampliados os atritos, a princípio leves, com a primeira irmã do Estado de Minas Gerais, obcecada em fazer do seu irmão o futuro presidente da República. Só recentemente vim saber desse detalhe. Nunca perguntei a nenhum patrão de onde provinha o dinheiro a remunerar meu trabalho, agindo da mesma forma em relação a Carone, quando, após ser colaborador, recebi a proposta profissional.

Um dia, ainda na condição de preso político, Marco Aurélio recebeu a comunicação de que deveria comparecer a outro interrogatório perante delegados e um promotor. Foi retirado da cela e levado à presença das autoridades. Iniciada a inquirição, um dos delegados lhe indagou – a grande preocupação continuavam sendo as fontes financeiras e os informantes do Novojornal.

– O senhor recebe pagamentos mensais provenientes da venda de um título de jornal?

– Recebo.

– Como se chama o jornal?

– *Diário de Minas*.

– Para quem o jornal ou o título foi vendido?

– Para a senhora Andrea Neves?

– Por que o objeto vendido está em nome do senhor Soelson Barbosa?

– Não sei. Quem deve responder isso é a senhora Andrea Neves.

Andrea comprou o título do jornal e o passou em nome do empresário e político que foi prefeito da cidade de Turmalina, no Vale do Jequitinhonha, Soelson Barbosa. Certa vez, sem de nada saber, encontrei com ele e a pedido do mesmo, escrevi uma matéria publicada na edição digital do jornal, ouvindo de Soelson que em breve estaria circulando a edição em papel. Na continuidade do interrogatório, Carone ouviu:

– O senhor também vende lotes para manter o site Novojornal?

– Sim.

– Os pagamentos são depositados numa conta bancária em nome de sua filha?

– Sim.

– Os valores são esses, x?

– Exatamente.

– E se o senhor vendeu o título do jornal para a senhora Andrea Neves, por que os pagamentos das mensalidades são efetuados pela Cemig – Centrais Energéticas de Minas Gerais – e pelo Sicepot – Sindicato das Indústrias da Construção Pesada em Minas Gerais?

– Também não sei, devendo a pergunta ser formulada à senhora Andrea Neves.

Os delegados se entreolharam, bem como o representante do Ministério Público, e deram a inquisição por encerrada. Surpreendentemente, Andrea Neves financiava o site cujas fontes financeiras ela queria saber a todo o custo. Como explicar isso? É um absurdo? Concordo. Muitos me indagam.

– Que sentido isso faz?

Respondo ser jornalista investigativo, não tendo nenhuma especialização em psiquiatria.

Comentei isso com o Carone. Dele ouvi:

– Vendi um título de jornal, não a minha consciência...

Talvez o costume de comprar muitos, a tenha induzido à ideia de que se pode comprar tudo e todos. Sabe-se hoje que a retaliação contra o portal jornalístico foi conduzida pelo procurador André Estevão Ubaldino Pereira, chefe do Centro de Apoio Operacional das Promotorias de Justiça de Combate ao Crime Organizado e de Investigação Criminal - CAO Crime - e Coordenadorias Regionais de Combate às Organizações Criminosas - CRCOCs, todos eles órgãos ligados ao MPMG.

Conforme denunciado pelo Novojornal na matéria *PGJ-MG, serve apenas* de fachada para Central de Grampo Clandestinos o fato é reconhecido em relatório pelo Conselho Nacional do Ministério Público – CNMP – como podemos verificar: *O Centro de Apoio Operacional das Promotorias de Justiça de Combate ao Crime Organizado e de Investigação Criminal transformado em braço auxiliar e arrecadatório do Executivo através da Secretaria da Fazenda, que mesmo ao arrepio da Lei, forneceu e mantém os equipamentos de escuta telefônica e outras tecnologias utilizadas de maneira irregular.*.

Já a publicação Juíza do Mensalão Mineiro manda investigar morte de modelo, referente ao assassinato de Cristiane Aparecida Ferreira foi acompanhada dos documentos exibidos na reportagem do mensalão, comprovando que a moça recebera R$ 1.800.000,00 de Walfrido dos Mares Guia. A matéria obrigou a Juíza Neide da

Silva Martins e o Promotor doutor João de Medeiro a abrirem nova linha de investigações para analisar outra vertente criminal. A abrangência dos incômodos, como se vê, ia adquirindo círculos cada vez mais amplos. O detalhe é *Cristiane estar jurada de morte por esposas de figurões da sociedade mineira*. O assassino é mesmo Reinaldo Pacífico, conforme sua condenação, porém evidências demonstram haver quem determinou a movimentação do braço sicário. Mas evidências não podem ser provas.

Ela tornara-se perigosa. Além de conhecer toda a operação, mantinha relacionamentos amorosos (?) com os principais líderes, na visão miúda justificando *queima de arquivo*. Por que a Juíza da 9ª Vara Criminal de Belo Horizonte determinou a abertura de um novo inquérito para apurar exclusivamente a participação dela no caso conhecido como *Mensalão Tucano Mineiro*? Comprovadamente, Cristiane mantinha um romance com o ex-presidente da Cemig Djalma Moraes, com o ex-ministro e ex-vice-governador Walfrido dos Mares Guia e com o ex-governador Newton Cardoso e Itamar Franco, diz um conjunto de juristas. *Além de ser dada a sexo grupal com Newton e Djalma*. O que não faltam são fontes a informar tais detalhes. E o mais grave, fontes policiais.

– Mas provas de mando?

A abertura do novo inquérito quebrou a resistência do Centro de Apoio Operacional das Promotorias de Justiça de Combate ao Crime Organizado e de Investigação Criminal dirigido pelo Procurador André Estevão Ubaldino Pereira, que recusava reabrir o caso da morte da modelo, na ocasião observaram vários criminalistas. Uma matéria do Novojornal noticiou que várias páginas do inquérito sobre o tema foram arrancadas. Na área policial, a figura central dos abusos era o delegado Márcio Naback, que muito sabe. Consequentemente, ainda tem muito a contar.

QUEM NÃO DEVE NÃO TEME

Não chegou a 40 minutos entre a saída dos policiais da minha casa e a minha chegada à Assembleia Legislativa de Minas Gerais para falar com os deputados estaduais Rogério Correia e Durval Ângelo. Durval não estava, somente pude falar com ele no dia seguinte. Narrei os fatos ocorridos em minha residência a Rogério Correia e, no dia seguinte, ao falar com o presidente da Comissão de Direitos Humanos da Assembleia Legislativa, fui informado que eu estava convidado a participar de uma audiência pública daquela comissão. Fiquei tranquilo ao saber, a partir daquele instante, que Carone também contava com proteção. Outra medida imediata foi narrar o acontecido em minha página do Facebook, informando ao mundo o que ocorria no estado de exceção de Minas Gerais. A reação foi imediata a partir de bloqueiros e bloqueiras famosos e famosas, sem contar a solidariedade dos internautas. Acredito que as truculentas autoridades envolvidas no processo ainda desconheciam o potencial das redes de comunicação, o novo poder representado pela estrutura de nuvem.

Paulo Henrique Amorim, do site Conversa Afiada. Maria Frô, o jornalista Luís Nassif, do GGN, o Observatório de Imprensa, o Diário do Centro do Mundo – DCM – o Viomundo – destacando-se os jornalistas Conceição Lemes e Joaquim de Carvalho, o blog

Estação Liberdade, projeto experimental da Escola de Comunicação da Universidade Federal de Minas Gerais – UFMG – através da professora e doutora Ângela Carrato, logo se puseram a movimentar. Dando relevo ao episódio, contrapondo-se ao comportamento da imprensa mineira mais ocupada em divulgar aos interesses de Andrea e Aécio Neves, inclusive sem cumprir o elementar dever de ouvir as partes contrárias.

Os jornalões estamparam declarações do promotor André Luiz Garcia de Pinho, corroboradas pelo delegado César Matoso, segundo a qual Carone havia cometido crimes atribuídos à *quadrilha organizada* a movimentar um milhão de dólares anuais sob o comando de Newton Monteiro.

– Se trata de uma quadrilha organizada, comandada pelo Nilton Monteiro. – Resumiu o promotor.

– Vamos checar de onde vinha o capital, rastrear o operador financeiro da quadrilha. – Acrescentou o delegado. O meu nome aí incluído.

Nesse trabalho, se é que não sabiam antes, descobriram que Andrea Neves financiava o Novojornal. Insisto em repetir que nada entendo de psiquiatria. Quanto ao delegado envolvido em assaltos a carros de transporte de valores da Embraforte, César Matoso, a sociedade nacional ainda merece satisfações, se não houver interesses escusos em proteger o pai e irmãos da ex-secretária Renata Vilhena e, por conseguinte, o ex-governador Antonio Anastasia, um professor de Direito Administrativo da UFMG que se faz passar por *constitucionalista*. O mandato de busca e apreensão foi expedido pelo juiz Haroldo André Toscano de Oliveira, da 2ª Vara Criminal de Belo Horizonte, a pedido do promotor André Garcia, envolvendo a sede do Novojornal, no Bairro Cruzeiro, na residência de Nísia Carone, filha e sócia do empresário, em minha casa e na residência de Andrea Viana, esposa de Nilton Monteiro. Na verdade, o meritíssimo Toscano estava em férias, tendo os fatos se desenrolado através da ação da juíza substituta Maria Isabel Fleck.

– A documentação vai dar ensejo a outros desdobramentos na investigação. – Disse César Matoso.

– O MP oferecerá denúncia crime contra essas pessoas, uma vez comprovados os crimes a elas atribuídos.

De acordo com os investigadores, eu seria *o braço direito de Carone* com o qual teria *vínculo estreito*. A Polícia Federal já atestara a veracidade da Lista de Furnas, porém o promotor sustentava categoricamente a existência de quatro versões da lista, apresentadas pelo lobista.

– E todas são falsas.

Sobre as implicações políticas desse caso, Garcia declarou:

– O Ministério Público foi atrás de criminosos.

Com os desdobramentos, afirmou:

– Não foi intenção do MP perseguir esse ou aquele político, o partido A ou B.

O futuro pretérito através da Operação Lava Jato provou as notícias divulgadas pelo Novojornal com quase uma década de antecedência. Acabaram estampadas no *The Guardian*, *The New York Times*, Sputnik Brasil, *Le Monde*, *El País*, *Der Spigel*, *Washington Post*, *Agência Xinhua*, *Granma*, *Los Angeles Times*, *L'Osservatore Romano* e tantos outros a compor o espectro de uma mídia comprometida com a verdade dos fatos e compromisso com os leitores.

Como já informado a violência da polícia do governo Aécio Neves rendeu protestos, a exemplo da nota da Associação Brasileira de Imprensa (ABI), abaixo transcrita:

ABI repudia ação repressiva a jornalistas em Minas Gerais

A Comissão de Defesa da Liberdade de Imprensa e Direitos Humanos da ABI repudia a ação do Ministério Público Estadual de Minas Gerais que ordenou a prisão do jornalista Marco Aurélio Flores Carone sob a acusação infundada de que ele 'integra uma quadrilha.

Carone é responsável por uma publicação eletrônica intitulada Novo Jornal que tem feito críticas ao governo do Estado e políticos vinculados ao PSDB, entre os quais o Senador Aécio Neves.

A Comissão exige a imediata libertação do jornalista e que se apure com rigor o episódio em que Carone é acusado e seus apoiadores denunciam que a ação contra ele foi desencadeada em represália às denúncias que remontam inclusive ao episódio conhecido como mensalão mineiro.

A ação repressiva atingiu também o jornalista Geraldo Elísio Machado Lopes, vítima de uma ordem de busca e apreensão em sua casa por ser ex-colaborador do Novo Jornal, de onde se afastou há sete meses para editar livros. Ele acusa diretamente o senador Aécio Neves e a irmã Andrea Neves de serem os responsáveis pelos atos de perseguição à publicação.

Para a Comissão da ABI ações como a empreendida contra os dois jornalistas caracterizam-se como restritivas à liberdade de imprensa e expressão, tão duramente conquistada.

Também o Sindicato dos Jornalistas Profissionais de Minas Gerais emitiu uma nota de repúdio à prisão de Marco Aurélio Carone. A nota foi publicada no site do sindicato na terça-feira (21), na íntegra:

> *O Sindicato dos Jornalistas Profissionais de Minas Gerais (SJPMG) repudia, com veemência, a prisão de Marco Aurélio Carone, dono do site 'Novo Jornal', decretada pela juíza substituta da 1ª Vara Criminal de Belo Horizonte, na manhã do dia 20/1/2014.*
>
> *Para o SJPMG, tanto a prisão quanto a ordem de retirar do ar o site configuram ataques ao direito e à liberdade de expressão. Diante desses fatos, o SJPMG vem a público reafirmar sua posição intransigente na defesa da Democracia, da Justiça e das Liberdades Civis e Individuais.*

A então presidenta Eneida da Costa emitiu uma nota particularmente se solidarizando comigo. O blog Minas Sem Censura me entrevistou a respeito do assunto, oportunidade em que reafirmei minhas acusações frontais ao senador Aécio Neves e sua irmã Andrea que, nos governos de Antonio Anastasia e Alberto Pinto Coelho, continuava a investir pesado na publicidade do irmão pretendente a presidente brasileiro. Foi destacado ao longo de minha carreira eu nunca ter sido desmentido e a minha postura de resistência democrática quando dos idos de 64 e o Prêmio Esso Regional de Jornalismo em 1977. Do qual me orgulho não em função da premiação. Porem no mérito da causa a favor dos direitos humanos. Denunciando as torturas praticadas contra o operário Jorge Defensor Vieira, quando ainda existia o famigerado AI-5. Inúmeras coberturas políticas e algumas internacionais. Não citei os nomes dos policiais porque não deixaram sequer o número do documento portado por eles e nem uma cópia do que foi arrestado, o que me soou estranho. Segue um trecho da entrevista:

> *Acuso frontalmente o senador Aécio Neves e sua irmã Andrea Neves, no ímpeto de destruir as provas de denúncias formuladas pelo site Novojornal. Principalmente as que se referem a denúncias de desvio de dinheiro público e a acusação de que Aécio é dito usuário incurável de cocaína. Porque saber que eu trabalhei no jornal virtual é público e notório. Foram quase seis anos com editoriais assinados, em todos oferecendo espontaneamente o direito de resposta a todas as pessoas físicas e jurídicas citadas em meus textos. E tenho convicção de estarem querendo desqualificar os documentos que comprovam o Mensalão Tucano Mineiro e a Lista de Furnas. Quanto à Lista de Furnas, por que o senhor Dimas Fabiano Toledo a registrou em cartório? Tenho igualmente certeza de que a dupla formada pelos netos do doutor Tancredo Neves, autor da frase 'O primeiro compromisso de Minas é com a liberdade' quer incriminar os deputados Rogério Correia e Sávio de Souza Cruz. Estão desesperadamente tentando encontrar ou até forjar provas mediante intimidação.*

Tempos passados, o repórter Joaquim de Carvalho, em matéria para o site *Diário do Centro do Mundo* (DCM), relatou ter ouvido de fontes sindicais que o *Pauta*, uma publicação do Sindicato dos Jornalistas Profissionais de Minas Gerais, naquela época era financiado igualmente por Andrea Neves, sendo essa *uma possibilidade de certa inibição relativa a tantos problemas surgidos*. A matéria pode ser vista no âmbito da *web*.

O mesmo Joaquim de Carvalho, na mesma série de reportagens para o DCM, narra uma conversa dele com um delegado de polícia cujo nome não é citado por razões de sigilo da fonte. Nela, o mesmo lhe explicou que *em casos similares ao do Novojornal ou matam-se os incômodos ou então é promovido um linchamento moral.* A segunda opção foi a tentativa escolhida, visando fazer com que os fatos se ajustassem à *Teoria da Falsidade.* Mas pelo visto faltou alguém *combinar com os russos.*

AS CARTAS

Foi com o doutor Sobral Pinto que aprendi que em determinados momentos da vida, as cartas são importantes. Por isso, tempos depois, publiquei uma delas em caráter aberto postada em minha página do Facebook dirigida ao meritíssimo juiz Haroldo André Toscano, da 2ª Vara Criminal de Belo Horizonte, ao promotor André Luiz Garcia de Pinho, ao delegado César Matoso, à mídia belo-horizontina e ao jornalista Leopoldo José de Oliveira.

Carta aberta ao meritíssimo Juiz de Direito, dr. Haroldo André Toscano, ao promotor André Luiz Garcia, ao senhor delegado de polícia, dr. Cesar Matoso, à mídia de Belo Horizonte e ao meu amigo jornalista Leopoldo José de Oliveira.

No que diz respeito às matérias referentes à prisão do jornalista e publicitário Marco Aurélio Carone publicadas hoje – pelo menos onde vi – nos jornais O Estado de Minas e O Tempo, devo informar: já solicitei à doutora Aurora Ramalho, advogada por mim constituída para reaver o meu netbook, os CDs, pendrives e HD externo apreendidos, e que encaminhe às Excelentíssimas autoridades aqui expressas uma autorização formal oferecendo de livre e espontânea vontade a quebra de meus sigilos fiscal, bancário e telefônico. Se assim o desejarem, me convoquem também a conversar com qualquer um dos Excelentíssimos Senhores. Só não posso oferecer a quebra do sigilo das fontes porque, sendo autoridades competentes como o são, sabem tratar-se de garantia constitucional e uma Constituição somente pode ser alterada por outra originária ou então através de Emenda, o que não ocorreu e nem eu posso promover.

Quanto ao dinheiro recebido em pagamento pelos serviços então prestados ao Novojornal quando lá trabalhei, também nada poderei informar às ilustres autoridades visto ter adotado o mesmo critério de quando trabalhei na Rádio Clube de Curvelo, Rádio Cultura de Sete Lagoas, Mesbla, Cemig, O Diário Católico, O Jornal de Minas, O Estado de Minas, à Rádio Itatiaia de Belo Horizonte, à Secretaria de Estado da Cultura, na Assembleia Legislativa, no Tribunal de Contas do Estado de Minas Gerais e Santa Casa de Misericórdia de Belo Horizonte, ou seja, em todas essas instituições – algumas já extintas, nunca perguntei de onde provinha o dinheiro com o qual era remunerado, modéstia à parte por um trabalho eficiente.

Sei da existência de alguns grilos em relação à minha amizade com o deputado federal Protógenes Queiroz, inclusive uma conversa minha com ele foi grampada de forma irregular e mais irregular ainda anexada a um processo. Se não me engano só o STF poderia fazer isso. Podemos conversar sobre o assunto, pois tenho orgulho de ser amigo de um homem que trabalha diuturnamente combatendo a endêmica corrupção existente no Brasil. Ressalvo que o endêmico não é da minha lavra e sim do Departamento de Estado Norte-americano. Protógenes prendeu um bandido condenado, por sinal banqueiro, o político Paulo Maluf e tantos outros. Além do mais recorrendo à sapiência das autoridades mencionadas, se existe alguma Lei nova que me impede de conversar com os meus amigos, a democracia brasileira, sem que eu saiba, foi revogada.

No que diz respeito a uma possível vinculação minha com outros fatores que os deveres constitucionais impõem, sei apenas que nada sei, e se já periciaram os meus equipamentos, os senhores devem ter constatado isso. Não sei se leram meus poemas e livros – me preocupo se eles não foram danificados nesse processo de censura prévia. Quanto à mídia, está no seu dever de informar inclusive porque não me considero um cidadão acima de qualquer suspeita. Defendo esse princípio com unhas e dentes. Só lamento não terem cumprido a ética de ouvir também todos os envolvidos. Tenho residência fixa, e-mail, telefone e facebook. Isso que estou dizendo poderia ter sido dito pela mídia.

Tudo o que escrevi no Novojornal eu ofereci o sagrado direito de resposta a todas as pessoas físicas ou jurídicas citadas. Não responderam porque não quiseram. E ao meu amigo Leopoldo José de Oliveira lembro que as autoridades e os jornais citaram meu nome no contexto de um assunto explosivo, mas sem me vincular aos petardos. A sua indignação me sensibilizou pela solidariedade, mas pode ter certeza de que você nunca se decepcionará comigo. Você nem qualquer pessoa, principalmente meus amigos.

Geraldo Elísio – Repórter

Com o passar do tempo, um dia fui convocado a comparecer perante o meritíssimo juiz de Direito da 2ª Vara Criminal de Belo Horizonte, doutor Haroldo Toscano, um magistrado de bem. Na condição de testemunha de defesa do jornalista e publicitário Marco Aurélio Carone, o fiz com a tranquilidade dos justos. E tão logo terminou o meu depoimento, postei em minha página do Facebook a seguinte Carta Aberta à senhora Andrea Neves:

Hoje fui ao Foro de Belo Horizonte depor como testemunha sobre aquela história que a senhora e o seu irmão Aécio Neves inventaram sobre mim, braço direito de uma quadrilha de falsários a manipular um bilhão de dólares por ano para produzir e divulgar notícias falsas, inclusive a Lista de Furnas e o Mensalão Tucano de Minas Gerais.

Fato que gerou a apreensão de meu netbook, listas telefônicas, HD externo e outros badulaques.

Recorda, pequena? As falsidades constantes do pedido de 22 anos de prisão formulado pelo Procurador Geral da República, doutor Rodrigo Janot, contra o ex-deputado federal Eduardo Azeredo e outros luminares tucanos, entre os quais se encontra o candidato do PSDB ao governo de Minas, Pimenta da Veiga. Antes já prestara um depoimento também como testemunha à Polícia Civil de Minas Gerais, também como testemunha, pois não estou indiciado e meu nome não consta de nenhum processo.

Reafirmei perante o meritíssimo juiz e os ilustres representantes do Ministério Público o meu desejo de quebra de meus sigilos fiscal, bancário e telefônico.

Lady Andrea, a senhora pode fazer isso, bem como o brigadeiro do ar da FAB (Força Aspiradora Brasileira) Aécio Neves?

Fui com a tranquilidade dos inocentes, dos que nada devem à Justiça dos homens e que, no momento em que chegar a Deus, quando Ele me indagar: – O que fizeste na terra? eu responderei:

– Lutei por justiça social e paz, procurando amar uns aos outros como Vós próprio nos amou! E escrevi poemas, porque temos que endurecer, mas perder a ternura, jamais!

O seu nome foi pronunciado por uma oficial de justiça na conferência de presença das testemunhas e lá a senhora não estava. Ressalvo a possibilidade de um atestado médico compreensível ou um pedido de depoimento em outro local. Mas eu fui lá, de cabeça erguida, colaborando com a Justiça do meu Estado e do meu País.

Só me eximi de citar fontes em respeito ao meu direito constitucional concedido aos jornalistas com o visto de protegê-las. O que por sinal não é respeitado pela Goebbels das Alterosas, como diz o deputado Sávio de Souza Cruz. Essa prerrogativa foi respeitada na plenitude pelos operadores do Direito pressentes à ocasião: o meritíssimo Juiz; o senhor (a) Procurador e Procuradora e advogadas das partes, inclusive minha filha afetiva doutora Aurora Ramalho. Uma pena a sua ausência, senhora Andrea Neves da Cunha!

"E por falar em saudade, onde anda você?", se é que o poeta Vinícius de Moraes me perdoa por usar uma estrofe de poema dele em referência a quem me dirijo.

Geraldo Elísio – Repórter.

VIAGEM A BRASÍLIA

No início de novembro de 2016, recebi um telefonema do Marco Aurélio Carone e outro do jovem advogado e historiador Pedro Munhoz, neto do garçom-símbolo de Belo Horizonte, seu Olympio Perez Munhoz, o *Anjo Anarquista*. Lendário protetor das esquerdas na histórica Cantina do Lucas, incrustrada no Edifício Arcângelo Maletta, no centro da cidade de Belo Horizonte, capital de Minas Gerais. Localizada na confluência da Avenida Augusto de Lima com Rua da Bahia. Patrimônio Intelectual de Beagá, centro de resistência cultural, política e ideológica dos idos de março de 64. Sem contar a belíssima culinária. Ambos queriam me cientificar da mesma coisa: Carone e eu estávamos agendados para depor em Brasília perante a Comissão das Minorias e dos Direitos Humanos do Congresso Nacional. Pedro Munhoz então servia ao gabinete do deputado Luiz Couto (PT/PA), na Capital Federal. O parlamentar, além da atividade política, é sacerdote católico e professor universitário do estado brasileiro da Paraíba. Ao abrir dias depois o meu e-mail, deparei com um convite enviado pelo deputado federal padre João, também do PT de Minas Gerais, confirmando o chamamento. A audiência pública mencionada ainda teve como signatários e signatária os deputados Chico D'Ângelo (PT-RJ), presidente da Comissão de Cultura, Paulo Pimenta (PT-RS), Paulo Teixeira (PT-SP), Wadih Damous (PT-RJ) e Luiza Erundina (PSOL-SP).

No dia 22 de novembro, Carone e eu, de carro, viajamos ao Distrito Federal. Na tarde do dia 23, depusemos perante a Comissão, com os trabalhos sendo iniciados com a formação da Mesa Diretora dos trabalhos integrada pelos deputados Padres João e Luís Couto, Cristovam Lobato Flores, representante da Associação Brasileira de Empresas de Rádio e Televisão – Abert – o jornalista Rogério Medeiros, do jornal *Século Diário*, do estado do Espírito Santo, e Wanderlei Oseimou, representante do Sindicato dos Jornalistas Profissionais do Distrito Federal.

O diretor de Assuntos Institucionais da Associação Brasileira de Emissoras de Rádio e Televisão – Abert – Cristiano Lobato Flores, trouxe informes alarmantes sobre agressões sofridas por jornalistas no exercício da profissão. Em 2015, 8 jornalistas foram assassinados, 64 agredidos e 44 sofreram ataques, seja por meio de vandalismo, ameaças, ofensas e intimidações. Os dados de 2016 são igualmente preocupantes. Se por um lado, os homicídios caíram de oito para dois, as agressões subiram para 205 casos, o que coloca o Brasil como o quinto país no mundo com mais ataques a jornalistas, à frente de países em guerra civil, como o Iêmen. Uma das razões para esse aumento de agressões, segundo o representante da Abert, foi as manifestações de cunho político.

Ainda na parte dos debates, o deputado federal Edmilson Brito Rodrigues, do PSOL de Belém do Pará solidarizou-se com os depoentes e chegou a criticar o ex-presidente Lula, bem como a presidenta eleita Dilma Rousseff *por não terem tido uma atuação mais firme quanto a uma Lei dos Médios*, citando os nossos casos, da carioca Mônica Iozzi, e também no Rio, o repórter global Caco Barcellos, expulso de uma cobertura por ser da Rede Globo de TV. O parlamentar paraense explicou que são necessários discernimentos capazes de separar a ação dos trabalhadores nas empresas de comunicação e a manipulação que profissionais em graduação hierárquica superior junto com a classe patronal executam.

Edmilson foi prefeito de Belém do Pará. É professor e arquiteto graduado pela Universidade Federal do Pará – UFPA – com especialização em Desenvolvimento de Áreas Amazônicas e mestrado em Planejamento do Desenvolvimento, pelo Núcleo de Altos Estudos Amazônicos da UFPA. É doutor em Geografia Humana pela Universidade de São Paulo, com tese intitulada *Território e soberania: a Região Amazônica e o processo de privatização da água vista como norma estratégica do globalitarismo*, sendo também professor do Instituto de Ciências Agrárias da Universidade Federal Rural da Amazônia – UFRA.

Em seu depoimento, o jornalista e publicitário Marco Aurélio Carone reafirmou detalhes já narrados neste livro, expondo a sua condição de prisioneiro político do regime de governo tucano em Minas Gerais no tempo dos governadores Aécio Neves, Antonio Anastasia e Alberto Pinto Coelho, em movimentos coordenados juntamente com a primeira irmã, Andrea Neves da Cunha. O Novojornal, àquela altura em uma edição com alto número de *views*, primeiro havia acusado o Servas – Serviço Voluntário de Assistência Social em Minas de ter se transformado em uma *lavanderia de dinheiro para fins eleitorais*. Presidido tradicionalmente pelas esposas dos governadores, o Servas foi entregue a Andrea Neves, em virtude de, na época, o seu irmão Aécio estar solteiro.

O depoimento hoje circula no YouTube, e o jornalista mineiro confirmou as ameaças preliminares de fechamento do site e prisão dele na desesperada tentativa de se evitarem maiores aprofundamentos relativos ao contrabando de nióbio e a conta secreta *Marília*, no Paraíso Fiscal de Liechtenstein, minúsculo principado localizado no centro da Europa, encravado nos Alpes entre a Áustria, a leste, e a Suíça a oeste. Produto da Operação Bogart & Taylor. A conta beneficia a senhora Inês Maria Neves, progenitora de Aécio, mais duas irmãs dele e os netos da correntista. A ação bilionária envolve os ex-governadores Aécio Neves e Antônio Anastasia quanto à exploração de nióbio na cidade mineira de Araxá, Alto Paranaíba. A riqueza mineral, capaz de salvar a economia mineira e nacional, foi entregue ilegalmente à estatal japonesa Japan Oil, Gas and Metals National Corporation. Em parceria com um fundo de investimento coreano a representar os interesses da China.

Desde 2002, Aécio legou a condução das principais decisões e atividades econômicas do estado brasileiro de Minas Gerais a Oswaldo Borges da Costa. Ele assumiu a função estratégica de presidente da Companhia de Desenvolvimento Econômico de Minas Gerais – Codemig – e criou um governo paralelo, com as principais decisões sobre obras e investimentos das estatais CEMIG, Copasa, DER/MG, DEOP e autarquias a cargo dele, chamado de *Oswaldinho*. Nos últimos 10 anos, investidores internacionais com interesse no Estado dirigiram-se para a sede da Codemig. Por trás de um cenário artificial, operou um esquema de corrupção que contou com a cumplicidade até mesmo da Procuradoria Geral de Justiça a impedir a atuação do Ministério Público Estadual. A imprensa mineira e nacional não toca no assunto, a não ser em raras e superficiais vezes.

Após a morte do banqueiro Gilberto Faria, casado em segunda núpcias com a senhora Inês Maria, progenitora de Aécio Neves, em nome de quem se encontra a Conta *Marília*, começou a disputa entre a família dos dois clãs relativa à divisão do patrimônio deixado. Oswaldo Borges da Costa, casado com uma das herdeiras de Gilberto Faria, passou a comandar inclusive judicialmente a disputa. Diante do quadro beligerante, as relações amistosas entre Aécio Neves e Oswaldo Borges da Costa acabaram. Aécio, solidário com a mãe dele. *Mas entre Neves e Oswaldinho é público existir muito mais, dessa forma iniciando-se a divisão de uma fortuna incalculável. No meio da divisão estaria a renda obtida e o valor real no exterior do contrabando do nióbio.* A empresa Companhia Brasileira de Metalurgia e Mineração – CBMM – pertencente ao Grupo Moreira Salles, é peça-chave em tal irregularidade. Sem qualquer licitação ou custo, renovou o contrato de arrendamento para exploração da mina de nióbio de Araxá pertencente ao governo de Minas Gerais por mais 30 anos. E meses depois venderia parte de seu capital a um fundo coreano, que representa investidores, não identificáveis. O preço do nióbio, embora muito mais de 90% do mineral seja produzido apenas no Brasil, é cotado na Bolsa de Londres.

Para se ter ideia do que significou em matéria de ganhos para a CBMM, a renovação da atividade exclusiva de exploração da mina de nióbio de Araxá, sem ela cessa sua atividade. Depois da renovação, a empresa vendeu 15% de suas ações por R$ 2 bilhões. Levando em conta só o valor de suas ações, a empresa valeria hoje R$ 28 bilhões, R$ 4 bilhões a menos que o Estado de Minas Gerais arrecada através de todos os impostos e taxas em um ano. Essa operação continua causando desconfiança entre forças nacionalistas a acompanhar a movimentação. O MP mineiro investiga a renovação do arrendamento feito pela Codemig. Isso é pequeno perto do crime praticado contra a soberania nacional, a venda de parte das ações da CBMM, conferindo poder de veto a uma empresa estatal japonesa. Uma operação irregular com a questionável participação de órgãos fiscalizatórios, a exemplo do Conselho Administrativo de Defesa Econômica – CADE – subordinado ao Ministério da Justiça.

Ainda quando no ar o site Novojornal, a operação foi aprovada em prazo recorde, com base em parecer de folha única, a desrespeitar toda a legislação existente no Brasil. A menor das irregularidades cometidas foi conceder *Confidencialidade* aos termos aprovados. Isso faz com que empresas estrangeiras atuem ilegalmente no País. Não tendo o CADE analisado a critério, Minas Gerais poderá perder a propriedade sobre a jazida de nióbio, que é um mineral altamente estratégico. Porém, com o processo de desnacionalização pelo qual passa o País, o sonho da Niobrás poderá ficar inviabilizado de vez. Relatórios confidenciais da Abin e da área de inteligência do Exército demonstram como operou o esquema criminoso de subfaturamento montado pela Codemig/CBMM, através da Cia de Pirocloro de Araxá. As assessorias de imprensa da CBMM, da Codemig e do senador Aécio Neves foram procuradas *e não quiseram comentar o assunto*. O valor da venda de 15% da CBMM, ao contrário dos R$ 2 bilhões de reais, constante na matéria, foi de US$ 2 bilhões de dólares. Dessa forma, 100% das ações da CBMM equivalem a US$ 28 bilhões de dólares, levando em conta que a arrecadação total anual do Estado de Minas Gerais é de R$ 32 bilhões de reais. O valor das ações da CBMM representa quase o dobro do arrecadado (US$ 28 bilhões de dólares x R$ 2 reais = R$ 56 bilhões de reais).

Na Comissão de Minorias e dos Direitos Humanos do Congresso Nacional, Marco Aurélio Carone explicou que o grupo integrado pelo senador Aécio Neves e Oswaldo – *Oswaldinho* – Borges da Costa, hoje segundo o depoente morando em Miami, em Londres compram o produto a preço cotado em bolsa e o revendem por quantias substancialmente acima, o que faz com que o próprio governo dos Estados Unidos da América do Norte, um dos maiores interessados na questão, não tenha a ideia de quanto nióbio processado exista no mundo. Ele, Carone, não duvidou em dizer que esse esquema culminou com o golpe jurídico-parlamentar-midiático que terminou por cassar o mandato da presidenta legitimamente eleita Dilma Rousseff. Carone informou ainda aos presentes que Andrea Neves da Cunha igualmente já comprou uma residência em Londres.

O CRIME DE MARIANA

Quando no período destinado aos debates envolvendo parlamentares e público, no que diz respeito ainda à área mineral, outra declaração de forte impacto dita pelo jornalista e publicitário Marco Aurélio Carone foi a respeito do Crime de Mariana. Referia-se ao rompimento da barragem de Fundão, localizada no subdistrito de Bento Rodrigues, a 35 km do centro do município brasileiro de Mariana, Minas Gerais, ocorrido na tarde de 5 de novembro de 2015. Rompeu-se a barragem de rejeitos de mineração controlada pela Samarco Mineração S.A., um empreendimento conjunto das maiores empresas de mineração do mundo, a brasileira Vale S.A. e a anglo-australiana BHP Billiton, assunto até hoje não resolvido, com profundas implicações políticas, econômicas e sociais. Como sempre, o Partido da Imprensa Golpista (PIG) tentando amenizar a situação, definindo o episódio como acidente, tragédia ou outros adjetivos. Não resta dúvida que a morte de muitas pessoas, o desaparecimento de outras e os traumas gravados em muitas almas são uma tragédia, porém, no caso, derivada de um crime. O estado de Minas Gerais possui 750 barragens de rejeito, das quais apenas 200 são fiscalizadas, as demais funcionando como verdadeiras bombas-relógio aptas a provocar crimes similares.

Segundo o depoimento de Carone para a apreciação dos parlamentares da Comissão de Cultura, Minorias e Direitos Humanos, não se pune ninguém. Inclusive pela morte do Rio Doce, porque a responsabilidade é do Ministério Público de Minas Gerais, em que uma grande dose de responsabilidade cabe ao então procurador geral do Estado, doutor Alceu José Torres Marques, ironicamente empossado pelo governador Alberto Pinto Coelho (PP), quando ele sucedeu Anastasia como Secretário Estadual do Meio Ambiente em Minas Gerais (SEMA). É de se recordar que, de todas as formas, a Vale tentou retirar a sua responsabilidade desse que é um dos maiores crimes ambientais do mundo, deixando a responsabilidade apenas com a Samarco e a anglo-australiana PHB Billiton. Inicialmente, a Samarco informara que duas barragens haviam se rompido – a de Fundão e a de Santarém. Porém, no dia 16 de novembro, a Samarco retificou a informação, afirmando que apenas a barragem de Fundão havia se rompido, o que provocou o vazamento dos rejeitos que passaram por cima de Santarém, que, entretanto, não se rompeu. As barragens foram construídas para acomodar os rejeitos provenientes da extração do minério de ferro retirado de extensas minas na região.

O rompimento da barragem de Fundão é considerado o maior desastre socioambiental da história brasileira e o maior do mundo envolvendo barragens de rejeitos. A lama chegou ao rio Doce, cuja bacia hidrográfica abrange 230 municípios dos estados de Minas Gerais e Espírito Santo, muitos dos quais abastecem sua população com a água do rio, destruindo-o. Ambientalistas consideraram que o efeito dos rejeitos no mar continuará por pelo menos mais 100 anos, mas não houve uma avaliação detalhada de todos os danos causados por esse crime. Segundo a prefeitura do município de Mariana, a reparação dos danos causados à infraestrutura local deverá custar bilhões. A lama, o que nunca foi imaginado, percorreu mais de 600 quilômetros, pavimentando o leio do Rio Doce e comprometendo todo um ecossistema, desde as formas de vida a exemplo dos microrganismos de água doce às aves a se alimentar dos peixes e cadeias sequenciais. Segundo dito por Marco Aurélio Carone perante os parlamentares presentes à Comissão, Alceu, a quem os parlamentares de oposição a Aécio Neves em Minas se referem como *Aeceu*, a serviço do Banco Mundial, promoveu um acordo envolvendo o Ministério Público de Minas Gerais, a Universidade Federal de Minas Gerais e a Federação das Indústrias de Minas Gerais – Fiemg – com custos pagos pela Samarco. Na verdade, os paredões de contenção das barragens foram sendo gradativamente unificados, o que provocou o Crime de Mariana.

O rompimento da barragem de rejeitos da Samarco em novembro de 2015 – que destruiu o distrito mineiro de Bento Rodrigues – é o maior desastre do gênero da história mundial nos últimos 100 anos. Se for considerado o volume de rejeitos despejados – 50 a 60 milhões de metros cúbicos (m^3) –, o crime em Mariana/MG equivale, praticamente, à soma dos outros dois maiores acontecimentos do tipo já registrados no mundo – ambos nas Filipinas, um em 1982, com 28 milhões de m^3; e outro em 1992, com 32,2 milhões de m^3 de lama. Os dados estão presentes em estudo da Bowker Associates – consultoria de gestão de riscos relativos à construção pesada, nos Estados Unidos – em parceria com o geofísico David Chambers. Apenas cinco acidentes com barragens de rejeitos excederam 10 milhões de m^3 de lançamentos, até hoje, em todo o mundo. Em termos de distância percorrida pelos rejeitos de mineração, a lama vazada da Samarco quebra outro recorde. São 600 quilômetros de trajeto seguidos pelo material, até o momento.

O ineditismo numérico continua em um terceiro quesito: o custo. *O investimento necessário para reposição das perdas ocasionadas pelo desastre, no caso brasileiro, está orçado pela consultoria norte-americana em US$ 5,2 bilhões até o momento. O maior valor contabilizado com a mesma finalidade, após os anos 1990, foi de um acidente com perdas próximas a R$ 1 bilhão, na China. Essas avaliações não levam em consideração a limpeza das áreas afetadas, nem a correção de danos diversos os quais os reparos podem não ser economicamente viáveis ou tecnicamente realizáveis, acrescenta o estudo da consultoria norte-americana.*

O Crime de Mariana, caso da Samarco, é o pior registrado na história sob essas três medidas de gravidade, pontua Lindsay Newland Bowker, coordenadora da Bowker, que acrescenta: *Todas as catástrofes na mineração são ocasionadas por erro humano e falhas ao não se seguir as melhores práticas estabelecidas, o melhor conhecimento, a melhor ciência.* A consultora complementa que os acidentes são, também, falhas dos parceiros públicos. *Uma das preocupações é que o Brasil permite a utilização de barragens à montante, o método menos estável de construção, com barragens grandes. Trata-se de um desvio aos conhecimentos e práticas globalmente aceitas, explica. No caso específico da Samarco, essa instabilidade inerente foi exacerbada por uma taxa de deposição de rejeitos e uma taxa de aumento na barragem muito superiores aos melhores padrões globais,* complementa Lindsay. Aí devem ser englobadas BHP Billiton, e, principalmente a Vale do Rio Doce.

DROGAS E SUBORNOS

Sequência de verdadeiras bombas de efeito moral, ao responder a uma pergunta do deputado federal petista mineiro, Padre João, sobre as razões pelas quais foi preso pela polícia de Aécio Neves, Carone elencou os motivos: manutenção da ordem pública; não atrapalhar as eleições de 2014 – literalmente o que consta no pedido da promotoria e posterior despacho de uma juíza –; e matérias que seriam publicadas. Em seu depoimento, o jornalista e publicitário denunciou ainda um esquema montado em Minas a envolver o Tribunal de Justiça, o Ministério Público e a Polícia Civil, destinado à compra e venda de sentenças.

– Nós íamos publicar toda a documentação apresentada pelo advogado Joaquim Engler, comprovando fontes pagadoras, quem e como recebiam os subornos (...)

Acrescentando que três dias depois de ele ser preso, o então presidente do Tribunal de Justiça do Estado de Minas Gerais, desembargador Joaquim Herculano, solicitou vistas do processo, que acabou por desaparecer. Mas Carone garantiu que o processo foi recomposto, e todas as provas das denúncias formuladas já estão em poder dos membros da Comissão. Foi reafirmado também que as escutas clandestinas no âmbito do Ministério Público de Minas ocorrem sob supervisão da PMMG, sendo os equipamentos pertencentes ao Executivo. Pouco mais de um ano depois de todas as acusações, ficou provada toda a ausência de provas para se acusar o pretenso condenado, que chegou a disputar as eleições municipais de Belo Horizonte em 2016, abrigado sobre a legenda do PSOL.

Outro ponto alto das denúncias formuladas por Carone foi a confirmação do uso de drogas pesadas feitas por Aécio Neves, como já dito em outro capítulo, resultando em três internações no Hospital Mater Dei. Ele confirmou perante a Comissão de Cultura, Minorias e Direitos Humanos do Congresso Nacional que um profissional médico do Hospital Mater Dei chegou a atestar a falta de condições do atual senador por Minas Gerais, *para se responsabilizar por ele próprio, sendo mais grave a pretensão de definir o destino administrativo do Brasil e de milhares de brasileiros.*

A exemplo de todo o País, Carone igualmente aguarda a definição do crime envolvendo os 450 quilos de pasta base de cocaína apreendidos no helicóptero dos Perrella. O depoente lembrou a utilização da frota de aviões do governo de Minas, inclusive para servir ao ministro do Supremo Tribunal Federal, Gilmar Mendes, entre um total de 1.430 viagens, das quais 110 com pouso e decolagem do famoso Aeroporto de Cláudio, Oeste de Minas, *cujas chaves ficavam com o tio Múcio*. Além disso, o depoente evocou o Aeroporto de Montezuma, Norte mineiro, numa região grilada pelo ex-deputado federal Aécio Cunha, pai do senador e ex-governador, onde existe apenas um maciço de eucalipto, apesar do campo de pouso e decolagem ser bastante utilizado.

Carone ficou preso todo o tempo sem culpa formada, sendo solto depois do segundo turno das eleições vencidas por Dilma Rousseff, no Brasil, e, Fernando Pimentel, em Minas Gerais. No mesmo dia em que ele foi preso, todos os equipamentos do Novojornal foram destruídos. O que ele não poderia imaginar é que ficaria preso tanto tempo, parte incomunicável, em uma penitenciária de segurança máxima, em Contagem, região metropolitana de Belo Horizonte. Em geral, as prisões preventivas, como no caso dele, não ultrapassam 90 dias, e se a pessoa apresenta problema de saúde, o cárcere pode ser substituído por prisão domiciliar. Mesmo sendo diabético, hipertenso e tendo sofrido um infarto que o levou à cadeira de rodas temporariamente, permaneceu na prisão. Do lado de fora, seus familiares, sofriam pressão, humilhação e ameaças, com o apartamento em que moram sendo revistado diversas vezes. Quando ele foi libertado, Newton Monteiro também o foi. Uma conta bancária em que o neto dele, então com 5 (cinco) anos de idade, recebe uma pensão alimentícia também teve o sigilo quebrado com autorização judicial.

A esmagadora maioria da população mineira ainda desconhece esses fatos. Não ficou sabendo dos *empastelamentos* do NovoJornal e se ouviu falar sobre a prisão de Carone, provavelmente o liga a alguém que falsificava documentos. Dino Miraglia não chegou a ficar detido: intervenção da OAB. Eu não fui nem indiciado, mas mantenho, a quem interessar possa, a oferta de quebra de meus sigilo fiscal, bancário e telefônico. Com exceção das autoridades judiciais, desde que os interessados por isso façam o mesmo. E até o momento da redação deste livro, apesar de ordem judicial, não foram devolvidos os meus equipamentos apreendidos. O que é isso? Roubo à mão armada – todos os policiais que estiveram em minha casa estavam armados. Ou declarada ação judicial? O meritíssimo envolvido no caso já determinou a devolução de tudo o que foi apreendido. Então o que falta para isto acontecer.

Outro susto dos presentes à audiência foi a confirmação de todos os imbróglios relativos às Centrais Energéticas de Minas Gerais (CEMIG), hoje com mais de 230 subsidiárias, entre elas a Light. Foi utilizado dinheiro desse esquema para pagar uma dívida de alto valor da Rede Globo de Televisão, o que por si só já explica a condescendência dos Marinhos com o grupo golpista que derrubou a jovem democracia brasileira.

É curioso nesse processo que os documentos divulgados por Carone foram os mesmos utilizados pelo procurador-geral da República Rodrigo Janot para pedir pena de prisão de 22 anos para o ex-governador Eduardo Azeredo, em cuja campanha para a reeleição, em 1998, teve lugar o chamando Mensalão Tucano Mineiro. O desconhecimento se justifica. Em momento algum, a imprensa mineira publicou uma nota, sequer, sobre a presença da polícia na sede do jornal e sua retirada do ar. Quando da prisão de Carone, ele foi apresentado como um *criminoso comum, que estaria chantageando autoridades*. Muitas das matérias sobre o assunto foram acompanhadas de fotos dele, tiradas de um ângulo que o mostravam com uma fisionomia quase assustadora, por ser uma pessoa alta, gorda, usar barba e estar muito tenso. Ao ver meu nome injustamente nas páginas, entrei em contato com todas as mídias que publicaram, solicitando direito de resposta, na época ouvindo que *não era praxe*. Outro, o colega ficar de redigir o texto, realmente o fazer e ser desaprovado pela direção e mesmo não conseguir falar com ninguém da diretoria ou da redação, mesmo estando há décadas no mercado.

A chamada grande mídia mineira divulgou a libertação de Carone logo após Dilma Rousseff ter vencido as eleições de 2014, mas nunca disse que ele foi absolvido de todas as acusações que lhe foram imputadas e serviram de pretexto para a sua prisão. Da mesma forma como não tiveram a menor preocupação em dizer que eu fui sequer indiciado.

Fiz referências a que, por ocasião da invasão definitiva da sede onde funcionava o Novo jornal, toda a documentação foi levada pelos policiais de Aécio e Andrea Neves. Porém, no futuro pretérito, quando os federais realizaram apreensões nos escritórios e domicílios do ex-governador e hoje senador por Minas Gerais, muitos dos documentos carregados foram encontrados nesses locais. Bem como, mais recentemente no escritório do doutor Joaquim Engler Filho. Com a palavra a Corregedoria de Polícia Civil de Minas Gerais.

E os meus pertences? Sei lá onde andam e se ainda existem? Assisto há anos o descumprimento de uma ordem judicial e isso denuncio ao Brasil e ao mundo.

VENDA DE SENTENÇAS NO STJ/MG ENVOLVE PARENTE DE AÉCIO

Também em decorrência da participação do publicitário e jornalista Marco Aurélio Carone na Audiência Pública da Comissão de Minorias e de Direitos da Câmara dos Deputados, Anexo II, Plenário 09, em 23/11/2016, outros documentos posteriormente chegaram às minhas mãos, logicamente resguardados pelo sigilo profissional das fontes, uma garantia constitucional.

Tancredo Aladim Rocha Tolentino é primo do ex-governador e atual senador por Minas Gerais Aécio Neves, e filho de Mucio Guimarães Tolentino, o tio-avô do candidato tucano que teve a terra desapropriada para a construção da pista de pouso em Cláudio. *Quêdo*, como é conhecido, foi o responsável, segundo o jornal *Folha de São Paulo*, por controlar a chave do aeroporto que fica distante seis quilômetros da fazenda frequentada por Aécio Neves naquele município.

Em 2012, *Quêdo* tentou se candidatar a prefeito de Cláudio, mas foi impedido pela Lei da Ficha Limpa devido a pendências judiciais. Meses antes, *Quêdo* foi preso na operação *Jus Postulandi*, da Polícia Federal, por participar de uma quadrilha especializada na venda de *habeas corpus* para traficantes de drogas. Como já descrito, o helicóptero pertencente ao senador Zé Perrella e ao filho dele

Gustavo, apreendido com 450 quilos de pasta base de cocaína a bordo, realizou no mínimo três voos caracterizando tráfico internacional de drogas. Em todas as ocasiões pernoitou em Divinópolis, uma das cidades mais desenvolvidas daquela área do Oeste de Minas Gerais, próxima a outras cidades aqui mencionadas, inclusive Cláudio, com intensa movimentação de tráfico de narcóticos e aparentemente rota para outros pontos de distribuição e consumo.

Atenta, a Polícia Federal apurou que o desembargador Hélcio Valentim de Andrade Filho se associou em quadrilha a Tancredo Aladim Rocha Tolentino, o *Quêdo*, ao advogado Walquir Avelar da Rocha Júnior e a Jaqueline Jerônimo da Silva na prática de corrupção passiva qualificada a favorecer delinquentes endinheirados com reiterados ilícitos penais ligados exatamente às drogas. Jaqueline arregimentava os detidos que contratavam Walquir a conversar com Tancredo, que definia com Hélcio o preço da decisão a ser proferida. Acertado o preço, o dinheiro era rateado entre o grupo, ficando o desembargador com a maior parte.

Não foi fácil para as autoridades policiais descobrir e provar a atuação dos quadrilheiros, porém o primeiro fato delituoso ocorreu em 06 de fevereiro de 2011, quando o advogado Walquir impetrou, durante plantão judiciário, *habeas corpus* com pedido de liminar, em favor de Braz Correa de Souza e Jesus Jerônimo Silva, que estavam presos respondendo por crime de tráfico de drogas. Hélcio Valentim determinou a imediata expedição de alvará de soltura sob o fundamento de excesso de prazo. Entretanto, a decisão já estava combinada entre Walquir e Valentim com a intermediação de Quêdo.

O advogado já cobrara de Rosa Conceição Duranti de Souza e Jaqueline Jerônimo Silva, respectivamente esposa de Braz e filha de

Jesus, R$ 240.000,00. Parte do valor, correspondente a R$ 90.000,00, foi paga a Walquir por meio de transferência de dois veículos. A outra parte, dividida entre *Quêdo* e o desembargador, que ficou com a maior parte. Os R$ 150.000,00. Rosa depositou o dinheiro na conta bancária de uma funcionária de *Quêdo*, Gilvaine Maria de Oliveira, entre os dias 1° e 4 de fevereiro de 2011, dois dias antes da concessão da liminar, de acordo com extratos bancários coletados pelas autoridades policiais. A área sabida de atuação envolvia as cidades de Belo Horizonte, Divinópolis, Cláudio e Carmo da Mata. Foi citado um antigo investigador de polícia que morou na cidade de Oliveira, e igualmente os municípios de Raul Soares, Ponte Nova, Pitangui, Pará de Minas e Pontes de Lacerda, no Mato Grosso.

Em 15 de maio de 2011, com o auxílio de outro advogado, Endrigo Otávio da Silveira Conde Neiva e Silva, Walquir impetrou, mais uma vez durante plantão judiciário, outro *habeas corpus* com pedido de liminar em favor de Leandro Zarur Maia, concedido pelo desembargador Hélcio Valentim. De novo registra-se a participação de Jaqueline Jerônimo Silva, que intermediou o contato com a irmão do preso Leandro. Foi ela quem depositou R$ 48.000,00 na conta da Inter Car Corretora de Veículos Ltda., que por sua vez emitiu cheque nominal a Walquir com o mesmo valor. O referido título de crédito foi sacado no caixa do Banco do Brasil no dia 20 de abril de 2011, pelo pai de Walquir, o que foi comprovado por gravação feita pela Polícia Federal. Walquir ainda enviou um SMS para *Quêdo* avisando que estava com 85 bilhetes, uma linguagem cifrada. No mesmo dia Hélcio viajou para a cidade de Cláudio e encontrou-se com Quêdo na cachaçaria de propriedade do mesmo.

Na realidade, o dinheiro foi entregue por Walquir a *Quêdo* no sítio de Fernandinho Diniz, na cidade de Carmo da Mata. Para assegurar o sucesso da tramoia, o então desembargador telefonou a uma funcionária do TJMG, cujo nome preservamos por não ter a mesma envolvimento com os fatos delituosos, solicitando que os pedidos protocolados no dia 15 fossem encaminhados a ele.

Outro caso que diz respeito também envolve Walquir, *Quêdo* e o desembargador Helcio Valentim, que operou por completo, porém a decisão deliberatória não chegou a ser prolatada porque os corruptores não puderam pagar a propina. Isso se passou durante o processo criminal promovido contra os irmãos Thiago e Ricardo Bucalon, presos por tráfico de drogas. A venda da sentença seria de 300 mil reais adicionados de mais 60 mil destinados ao advogado Walquir, tendo a família considerado muito alto o valor solicitado da propina, o que acabou por inviabilizar o procedimento. Eles haviam sido condenados pelo juiz da 1ª Instância da Comarca de Alpinópolis, no Sudoeste de Minas Gerais Foi o próprio *Quêdo* que, através de mensagens via celular, comunicou ao então desembargador a impossibilidade do ilícito:

– Meu chefe, eu estive com aqueles dois meninos de Ribeirão, cancela a viagem dos dois. Não vão ter dinheiro. Depois explico.

Por razões óbvias, optamos por redigir um condensado do documento proveniente da Procuradoria Geral da República – Ministério Público Federal – Nº 7.215/12 – ESBP. Superior Tribunal de Justiça. Corte Especial. Inquérito nº 473/MG (2011/01103707-2) e Inquérito Policial nº 0019.11.000967-7 – Comarca de Alpinópolis /MG. Relator: Ministro Massami Uyeda. Requerente: Justiça Pública. Requeridos: Hélcio Valentim de Andrade Filho, Tancredo Aladim Rocha Tolentino, Walquir Rocha de Avelar Júnior e Jaqueline Jerônimo Silva.

Lógico, concluídos os procedimentos legais, o desembargador Hélcio Valentim de Andrade Filho, o amigo do tio *Quêdo*, foi expulso dos quadros da magistratura, porém com um detalhe a ser observado: os vencimentos que ele recebe são integrais, bem como todas as vantagens de um desembargador na ativa, inclusive os aumentos que nas épocas devidas são concedidos a esses, um detalhe que consta inclusive no âmbito de investigações internacionais sobre o tráfico de drogas.

UM ESTRANHO ARQUIVAMENTO

Os indicativos PGR-00324157/1215 manuscritos no campo superior direito de uma folha timbrada com o brasão da República informam: "*Ministério Público Federal – Procuradoria Geral da República – Nº 190/2015/ASJCRIM/SAJ/PGR – NF – PGR nº 1.00.000.004437/2015-51 – Representante: Marco Aurélio Flores Carone – Representado: Senador Aécio Neves*". O documento traz o seguinte indicativo:

> "PENAL, ESTRAJUDICIAL. NOTÍCIA DE FATO. REPRESENTAÇÃO QUE TEM POR OBJETO FATOS JÁ APURADOS EM OUTRO FEITO, ARQUIVADO. AUSÊNCIA DE PROVAS NOVAS, SÚMULA 524 DO STF. ARQUIVAMENTO".

É outro documento também com procedência da Comissão de Minorias e de Direitos Humanos da Câmara dos Deputados a que tive acesso. Conforme relatado, *trata-se de notícia de fato autuada a partir da Manifestação 20150014503, protocolada por Marco Aurélio Flores Carone em 25 de março de 2015, na Sala de Atendimento ao Cidadão.*

A documentação é acompanhada da *notificação* de fls. 03/60, por meio do qual são cobradas providências para responsabilização criminal do senador Aécio Neves e familiares.

O notificante, Marco Aurélio Flores Carone, relata haver sido preso por ordem da justiça estadual mineira, em retaliação a notícias que vinha publicando em portal mantido na internet – Novojornal. Entre as publicações, estaria a reprodução de um texto do jornalista Luís Nassif, tratando da Operação Norbert, na sequência transcrevendo na íntegra a sentença proferida pelo juízo da 5ª Vara Federal Criminal da Seção do Rio de Janeiro em ação penal movida pelo Ministério Público Federal em desfavor de Christine Puschmmann, Christine Meller e Ingrid Maria Meller Lusquinos, pela prática de evasão de divisas.

Segue-se também a transcrição de acordão prolatado pelo TRF da 2ª Região em ação movida contra o desembargador federal Carpena do Amorim (*sic*). Ambas as decisões tratam de fatos desvendados justamente pela Operação Norbert. Também é transcrita decisão judicial que autorizou a divulgação dos fatos pela revista Época, tendo finalizado o representante:

Chega a assustar o fato da operadora do esquema criminoso e um desembargador já terem sido investigados, processados, julgados e condenados, enquanto o senador Aécio Neves e seus familiares permanecem impunes e intocados (fls. 54).

O Procurador Geral da República, Rodrigo Janot Moteiro de Barros, que assina o documento, explica que Carone deseja ainda, caso acatada a tese de que a conta bancária cujos documentos foram encontrados na Operação Norbert foi aberta pela senhora mãe do parlamentar, com emprego de recursos repassados pelo seu esposo, antigo controlador do Banco Bandeirantes, seja também levada em consideração a existência de uma sentença prolatada pelo juízo da Subseção Judiciária de Uberlândia, reconhecendo fraude bilionária praticada pela instituição financeira, tendo descrito pormenorizadamente os fatos.

Em sua defesa, Aécio, como costumeiramente, desmentiu a existência de qualquer delito e tentou reverter o jogo acusando o jornalista e publicitário. Esclareceu que os fatos envolvendo a Operação Norbert, especificamente no que toca à senhora sua mãe Inês Maria Neves Faria, foram objeto de inquérito instaurado pela Polícia Federal, arquivado por iniciativa do Ministério Público Federal.

Na segunda parte da peça jurídica, diz o PGR que os fatos abordados foram examinados pelo Ministério Público Federal que, na promoção do arquivamento dos autos do inquérito policial SR/DPF/RJ 0085/209-11, registrou o seguinte:

> *O presente inquérito policial foi instaurado com o escopo de apurar eventual prática do delito previsto no art. 22, parágrafo único, Lei 7.492/86, tendo como suposta autora a Senhora INÊS MARIA NEVES FARIA.*
>
> *Em decorrência de elementos colhidos no curso da Operação 'NORBERT' (processo nº 205.51.01.503145-3), vislumbrou-se que a investigada, possivelmente, seria a responsável legal da conta 200783. Mantida no LGT BANK, situado em Vaduz, Principado de Liechtenstein, de titularidade da fundação BOGART AND TAYLOR FOUNDATION.*

Houve explicações por parte da defesa, inclusive com o ressalto de que os valores aplicados eram abaixo do que se exige para a formalidade de declarações, o que levou o PGR Janot a concluir pelo arquivamento. Inclusive argumentou que Aécio Neves, irmãs e netos figuram apenas como herdeiros, mas de forma tão discreta que terminou por caracterizar escondido, sem sequer comunicar isso ao interessado Marco Aurélio Carone, que ainda dispunha de outros recursos jurídicos para dar prosseguimento à demanda. Ficaram no ar algumas indagações. O que teria levado os federais a pensar na hipótese de fatos delituosos envolvendo a mãe de um senador da República? Algo realmente sério ou um procedimento banal, o que não é de se supor. Por que a escolha de um paraíso fiscal europeu e não o território brasileiro para tal tipo de aplicações rentistas?

Entretanto, a exemplo da *Zebra* do técnico de futebol Gentil Cardoso, do *Sobrenatural de Almeida* de Nelson Rodrigues e do *Imponderável de Souza* criado por mim, a vida dá voltas. Como diz o poeta Libério Neves, morador do bairro boêmio de Santa Tereza e no coração de todos os habitantes de Belo Horizonte, capital do estado brasileiro de Minas Gerais, *posto que a terra é redonda / um dia nos encontraremos.* A vida dá voltas.

Com o desenvolvimento da Operação Lava Jato, as denúncias contra o senador Aécio Neves foram se acumulando. Ele acabou tendo de depor perante as autoridades, o devido inquérito tendo de ser reaberto, conforme consta de documento do Ministério Público Federal (Procuradoria Geral da República Nº120027/– GTLJ/PGR – Inquérito nº 4244/DF – Relator – Ministro Gilmar Mendes – Nominado Aécio Neves da Cunha).

Trata-se de processo penal. Inquérito. Termo de declaração colhido no âmbito de acordo de colaboração premiada, indicação do envolvimento de parlamentares no recebimento de vantagens indevidas, mediante estratégia de ocultação de sua origem, suspensão, a partir de simples petição do investigado, das diligências solicitadas pelo *dominus litis*. Impropriedade. Elementos suficientes ao prosseguimento das investigações.

A investigação que resultou no depoimento do senador Aécio Neves, tratado com extrema discrição pela mídia, começa com a delação premida do doleiro Alberto Youssef – considerado inicialmente insuficiente – e que passou a ganhar robustez a partir de novos elementos de convicção – incluindo o depoimento de um novo colaborador – *mas não somente este*. É dito na peça jurídica que o depoimento até então isolado do colaborador Alberto Youssef foi somado a um conjunto de evidências que permite afirmar a verossimilhança das narrativas, além da necessidade e da viabilidade da adequada apuração sobre os fatos.

A delação premiada do senador Delcídio do Amaral foi considerada uma peça importante, visto a perspectiva de ser ele alguém que ocupava uma posição privilegiada no que diz respeito ao conhecimento dos fatos, apresentando detalhes dos ocorridos. Contam ainda as oitivas de Jair Osvaldo Daré e Dimas Fabiano Toledo, bem como do preposto da Bauruense, segundo o documento de prenome Ramiro.

O documento enviado por Rodrigo Janot é bem parcimonioso e cuidadoso em demonstrar que Aécio antecipou a sua defesa, principalmente no que diz respeito à Lista de Furnas e ao branqueamento de dinheiro através de uma empresa de *factoring* que pertenceu a Andrea Neves da Cunha, na imensa maioria das vezes recebendo não se sabe se proposital ou não a definição de irmã do senador Aécio Neves. Cuidados idênticos dizem respeito à abordagem da conta em Liechtenstein.

CONFUSÕES SEMÂNTICAS E HERMENÊUTICAS

Em meio aos floreios jurídicos, é dito que "*de substancial o requerimento do investigado Aécio Neves se alicerça na alegação de que não existe nenhuma prova nova a autorizar a abertura de investigação sobre os fatos noticiados.*

> *O apontado requerimento confunde 'prova nova', requisito para a promoção de ação penal sobre fatos apurados em inquérito antes arquivado, com notícia de prova nova, requisito para o desarquivamento do inquérito*".

A defesa de Aécio tentou ainda desqualificar a delação premiada de Delcídio Amaral como prova, entretanto o examinador ressalta que de acordo com os termos do art. 202 do Código de Processo Penal, o depoimento do colaborador é uma prova plenamente válida.

No caso, a peculiaridade de tal prova consta no art. 4°, § 16, da Lei n° 12.850/2013: "nenhuma sentença condenatória será proferida com fundamento apenas nas declarações de agente colaborador". A restrição legal, pois, é para que seja proferida uma sentença condenatória com base somente na palavra do colaborador, não para que sejam realizadas investigações. No que diz respeito a Bogart & Taylor, bastaria reativar a denúncia formulada por Marco Aurélio Carone, anteriormente ativada. Outro aspecto importante do documento é a menção de que no caso da Lista de Furnas, Aécio Neves nunca foi efetivamente investigado.

Longos trechos explicam a dita influência do ex-governador e atual senador por Minas Gerais, Aécio Neves, nos esquemas envolvendo a Lista de Furnas e a Bauruense, junto com o falecido deputado José Janene, dividindo poderes relativos a uma diretoria de Furnas com a adesão de Dimas Toledo. Então estavam juntos nos desvios de recursos o Partido Progressista e o Partido da Social Democracia Brasileira – PSDB os tucanos.

Uma observação importante: "Mediante elementos trazidos a essa Corte na Pet 6015, contudo, novos e objetivos elementos, entendeu esse Procurador Geral da República merecer o caso nova e aprofundada avaliação, agora formalmente no bojo do inquérito".

É então mencionada a delação premiada de Delcídio do Amaral quando ele se refere a Dimas Toledo, por muito tempo no cargo de diretor de engenharia de Furnas, acrescido de que o poder dele provinha de forte apoio do PP e no caso do PSDB, via Aécio Neves. Revelou o senador depoente que quando Lula assumiu, houve um forte movimento para afastar Toledo e durante uma viagem presidencial à cidade de Campinas, em 06 de maio de 2005, o então presidente da República perguntou a ele, Delcídio:

– Quem é esse Dimas Toledo?

Tendo ele, Delcídio, respondido:

– É um companheiro do setor elétrico muito competente.

Segundo a denúncia premiada de Amaral, Luís Inácio Lula da Sila contra-argumentou:

– Eu assumi e o Janene veio pedir pelo Dimas. Depois veio o Aécio e pediu por ele. Agora o PT, que era contra, está a favor. Pelo jeito ele está roubando muito. – Observando ser necessário muito dinheiro para o pagamento de três frentes a três partidos importantes.

O então ex-ministro José Dirceu observara que se Dimas fosse nomeado ascensorista de Furnas, mandaria no presidente da empresa. Delcídio reforçou os conceitos quanto aos poderes de Toledo, informando não ter dúvidas quanto aos acontecimentos na empresa de eletricidade.

O que se vê hoje na Petrobras ocorreu sem dúvida em Furnas, em vários governos, e talvez a figura mais emblemática nesse sentido seja o próprio Dimas. Outra informação do senador petista aos inquiridores é da ligação muito forte de Dimas com Aécio Neves, e dizendo do caráter polêmico da Lista de Furnas surgida durante a CPI dos Correios. Ele chegou a admitir a possibilidade de o documento ser de fato falso porque assinado por Dimas, o que ele jamais o faria, mas acrescentando:

– O conteúdo do documento não era falso, ou seja, realmente existia repasse de valores para políticos.

Observação do autor: em meio a essa aparente contradição, é bom repetir que o documento dizendo que a Lista de Furnas é falsa foi atestado por um perito norte-americano preso pelo FBI por falcatruas e que os setores de polícia técnica da Polícia Federal do Brasil atestaram a legitimidade da citada lista. Sobre Airton Daré, o depoente afirmou ser o mesmo muito próximo de Dimas, lembrando que o esquema da Bauruense é muito pequeno face a Furnas, que tem envolvidas em sua órbita as mesmas instituições investigadas na Petrobras: Andrade Gutierrez, OAS, Camargo Correa, Odebrecht, entre outras.

Questionado sobre Andrea Neves, Delcídio disse ser ela a mentora intelectual de Aécio e que no governo do mesmo atendia no gabinete dele, mas sem saber de ligações dela com Furnas.

Observa ainda o autor do documento do qual retiramos as observações pertinentes:

> *A versão apresentada por Delcídio de, que agora se agrega ao anterior relato de Alberto Youssef, mostra-se bastante plausível. Ademais, e como também apontado no requerimento de instauração desse inquérito orbitam em torno os relatos diversos outros elementos comprobatórios.*

Outra contradição encontrada diz respeito à *factoring* de Andrea Neves quanto ao tempo do encerramento da atividade financeira dita por ele em sua defesa antecipada, que nos novos documentos aparece essa expressão entre aspas. Além do mais, a nova documentação ressalta serem limitadíssimos os motivos para o arquivamento, o superlativo aparecendo em destaque.

EPÍLOGO

Fechado o Novojornal, Carone fora da cadeia, a história sequenciando o seu destino, tantos e tantos episódios vieram à luz, mostrando um quadro agudo de septicemia moral e um Brasil desconhecido dos brasileiros construído com a marca *made by Aécio Neves*, como ele próprio o admitiu, *só para encher o saco*, inconformado em perder as eleições de 2014, dando início ao mais vergonhoso período da História Republicana que, pelo resto da vida, carregará o DNA dele. Será mesmo, apenas por inconformismo ou a serviço de grupos estrangeiros? Cometendo erros em cima de erros nas tentativas de encobrir falcatruas menores com outras cada vez maiores?

Destruiu oportunidades promissoras para o Brasil que estava prestes a ser incluído no Conselho de Segurança Permanente da ONU. Como a sexta economia mundial, assumindo um destacado papel no conjunto dos BRICs, e o pior, expondo todo um ódio de classe – casa grande e senzala – que a nossa vã filosofia imaginava extinta, além de complexos tidos como superados face a países ditos dominantes. Seria ele um agente exterior interessado em boicotar os BRICs?

Em economia, a sigla originalmente BRIC foi criada por Jim O'Neill em um estudo de 2001 intitulado *Building Better Global*

Economic BRICs. Desde então, a sigla passou a ser amplamente usada como um símbolo da mudança no poder econômico global, distanciando-se das economias desenvolvidas do G7 em relação ao mundo em desenvolvimento. BRICS é um acrônimo que se refere aos países membros fundadores (o grupo BRIC: Brasil, Rússia, Índia e China), que juntos formam um grupo político de cooperação. Em 14 de abril de 2011, o S foi oficialmente adicionado à sigla BRIC para formar o BRICS, após a admissão da África do Sul, em inglês: South Africa) ao grupo. Os membros fundadores e a África do Sul estão todos em um estágio similar de mercado emergente, devido ao seu desenvolvimento econômico. É geralmente traduzido como os BRICS ou países BRICS ou, alternativamente, como os Cinco Grandes, de acordo com a definição mais comum encontrada de Wikipédia.

Diga-se de passagem, isso nada agrada aos Estados Unidos da América no Norte, pelo que representa de ameaça ao dólar como única moeda comercial e uma eventual perda de poderio daquela nação.

Apesar de o grupo ainda não ser um bloco econômico ou uma associação de comércio formal, como no caso da União Europeia, existem fortes indicadores de que os países do BRIC têm procurado formar "um clube político ou uma aliança", e assim converter "seu crescente poder econômico em uma maior influência geopolítica. Desde 2009, os líderes do grupo realizam cúpulas anuais". Também dados da Wikipédia.

O ódio entre as classes, a exemplo de Cabral, descobriu o Brasil, um País mestiço por excelência.

Em frente ao quartel da IV Divisão de Exército, situado na Avenida Raja Gabaglia, em Belo Horizonte, encontra-se um belo monumento evocativo de nossa raça formada na Batalha de Guararapes, em Pernambuco, onde ascendeu a nacionalidade brasileira. Mesmo tendo alta patente militar, o general Antônio Hamilton Mourão referiu-se pejorativamente à etnia brasileira.

Ressalte-se que ele não é exatamente um tipo ariano. Talvez desconheça o monumento erguido por decisão da Arma a que pertence. Talvez acredite que as loiras brasileiras não sejam em sua imensa maioria um produto dos cosméticos à venda em qualquer drogaria. Um complexo de inferioridade que nem se pode dizer invertido. E como ficam nossos heroicos pracinhas negros mortos em campos da Itália por ocasião da luta contra o nazi fascismo?

O Brasil, por inspiração estrangeira e de rentistas, é doado a grupos estrangeiros, transformando-se, como dizia o professor Osório da Rocha Diniz, em colônia cativa de exploração de matérias-primas. Tem lugar a intolerância de vários matizes, inclusive em nome de Deus. O que me faz lembrar o jornalista e escritor mineiro Délcio Monteiro de Lima, para quem *Os Demônios Descem do Norte*.

Esses, porém, são assuntos para futuros jornalistas e historiadores quando, à luz da metodologia científica, forem estudar o assunto. Marco Aurélio Carone e eu nos sentimos recompensados em poder provar em vida – quantos não o puderam fazer (?) – que não mentimos em nada, que todas as infames inverdade assacadas contra nós partiram de interesses espúrios e inconfessáveis de pessoas isoladas ou em grupo. Consolidamos credibilidade e reafirmamos o compromisso com os leitores em função da ética e da transparência jornalística. A notícia não é do jornalista, principalmente dos repórteres. Ela pertence ao povo, que tira as suas conclusões e emite julgamentos.

Já não precisamos querer provar que o futuro já é presente. A estrutura de nuvem atropelou os que se sentem donos do Poder. Os políticos, os magistrados, os executivos – com as raras exceções de praxe – estão desmoralizados. O ícone dos advogados brasileiros, Sobral Pinto, em seu túmulo continua quieto sem precisar se revirar de espanto. Há muito ele disse que "no Brasil o Supremo só existe à moda". A ministra Carmem Lúcia e ministros, a exemplo de Gilmar Mendes e Alexandre de Moraes, continuam e fazem, além de outros, a tradição apontada por Sobral.

Talvez o Direito moderno, eivado de fraudes, jogos duplos e outras mazelas, dos juízes singulares ao STF, levando no bojo todos os operadores desse mesmo Direito entendam, a exemplo de um velho tipo popular da cidade de Sete Lagoas, Aprígio Raizeiro, citado no livro da escritora setelagoana Mariza da Conceição Pereira, em seu trabalho *Tipos Populares e Figuras Marcantes de Sete Lagoas*, que *a razão se dá a quem não tem, porque quem tem não precisa.*

Afinal somos todos iguais perante a Lei, segundo o Direito Positivo, aquele que está escrito. Mas juízes há que entendem que alguns devem, beneficiando-se de artifícios jurídicos, dormir na cadeia, enquanto outros devem dormir em casa ou mesmo perambular soltos pelas ruas, como julgou o ministro Marco Aurélio Mello nos episódios envolvendo o senador Aécio Neves, o Mineirinho, da lista da Odebrecht, mesmo mantendo recolhida na situação de presa domiciliar a irmã dele, a ex-poderosa Andrea Neves, depois libertada. Pelo menos no momento da redação deste epílogo, a ex-presidiária do Complexo Feminino Estevão Pinto, atuante politicamente ainda, trazia o diferencial de ostentar uma pulseira eletrônica.

Utilizando um ditado do povo, sabemos que ninguém ficará para semente. "*Memento, homo, quia pulvis es, et in pulverem reverteris*"

– "Lembra-te, que és pó e ao pó voltarás". A regra valendo tanto para os luminares quanto para os ilustres desconhecidos, espiritualistas ou materialistas. "*Sic transit gloria mundi.Suu sequitur lumen semper innocentia*". A inocência sempre segue a sua luz.

Em minha página no Facebook, continuo a cobrar das autoridades mineiras, explicações sobre o episódio, além de indagar a quem de direito e em termos claros porque não informam de público nada a respeito da quebra de meus sigilos fiscal, bancário e telefônicos espontaneamente oferecidos.

A jornalista Ângela Carrato, doutora e mestra em comunicação da Universidade Federal de Minas Gerais – UFMG –, ao longo de todo o período, foi das poucas pessoas também em sua página do Facebook, igualmente a cobrar explicações das autoridades. Repito, da mesma forma como o fazemos em um *blog* inserido no âmbito do Face, o Estação Liberdade Comunitária. Até hoje, em face de alguns *posts* ela, recebeu de colegas jornalistas comentários estranhando os conteúdos dela acompanhados da pergunta:

– Você tem certeza que isso aconteceu mesmo? Argumentavam alguns, lembrando que não viram nada inserido na mídia corporativa. Em termos de hoje não viram, não veem e nunca verão.

E ainda continuo esperando a devolução dos meus equipamentos determinada pela Justiça. Primeiro, a ser entregue à Secretaria da Mesa da Assembleia Legislativa de Minas Gerais. Suponho para posteriormente ser encaminhada à Comissão de Direitos Humanos da Assembleia Legislativa de Minas Gerais até que seja eu o destino final. Mas até agora isso não ocorreu e continuo arcando com prejuízos morais e materiais.

Quanto a Danilo, o rato não é uma peça de ficção. Se existe alguma semelhança do nome com o qual eu o batizei é mera coincidência. Nos longos e angustiantes dias passados na solitária do Presídio Nelson Hungria, o rato em busca de alimento foi o único ser vivente todas as noites a comparecer clandestinamente à cela. Para ouvir o que não entendia e dar-se por satisfeito com uma côdea de pão envelhecido oferecida pelo preso político – vale a aliteração – Marco Aurélio Flores Carone. Claro, Danilo nunca tomará conhecimento de tal história e muito menos ainda saberá ter se transformado em *muso* a inspirar o título de livro. Mas nas circunstâncias narradas, entendo que outro não poderia ser um título mais adequado à situação.

Se Danilo pudesse raciocinar, saberia estar roendo o velho pedaço de pão que o diabo autoritário amassou com o rabo, assado no mais quente dos fornos do inferno e capaz de fazer padecer a democracia.

Belo Horizonte, 29 de janeiro de 2018.